소금처럼 사는 삶

김원선 지음

가나북스

2018년 05월 13일 초판 발행
지은이 김원선
펴낸이 배수현
디자인 유재헌
홍보 배예영
제작 송재호
펴낸곳 가나북스 www.gnbooks.co.kr
출판등록 제393-2009-12호
전 화 031-408-8811(代)
팩 스 031-501-8811
ISBN 979-11-86562-81-9(03230)

- 가격은 뒤 표지에 있습니다.

- 잘못된 책은 구입하신 곳에서 교환해 드립니다.

- 원고 투고 이메일: sh119man@naver.com

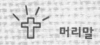

한 줌의 소금처럼

40주년 기념 집에 소개된 사진과 글 모든 것은

하나님의 것입니다.

성도님들과 나눈 사랑 이야기 입니다.

그래서 은혜가 되었던 일들 입니다.

바람이 있습니다.

성도를 살리는 교회 되고

교회를 살리는 노회 되고

노회를 살리는 총회 되고

세계를 살리는 염창중앙교회 되도록

초대교회 성도들처럼

앞서간 순교자들처럼

하나님 중심!

말씀 중심!

교회 중심!으로

변함없이 신앙생활 합시다.

그리고 기도 합시다.

충정교회(9166부대)를 위하여

다바오 비전대학교를 위하여

선교사들을 위하여

농어촌교회를 위하여

또한 사랑하는 가족과 친구들을 위해

기도합시다.

부족한 사람을 섬겨주신 당 회원들과

염창중앙교회 성도 여러분!

함께 동역한 교역자 여러분!

그리고 사랑하는 아내 최진애 사모와 자녀들!

사랑하는 여러분 모두에게

주님의 이름으로 이 책을 드립니다.

주후 2018년 5월 13일

새로운 만남과 변화를 바라는 목사 김원선

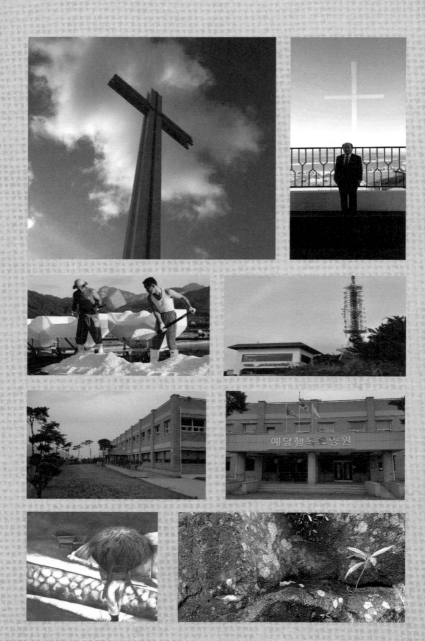

一 신자가 되라
一 학자가 되라
一 성자가 되라
一 전도자가 되라
一 목회자가 되라

HOME   목회

염창중앙교회 군선교 열정 크다

조준영 기자   승인 2016.07.04 09:22   댓글 2064

사령부 창설 제43주년 기념 및
보훈·안보단체 초청행사
2016. 6. 30. (목)

▲ 염창중앙교회 김원선 목사(오른쪽에서 두 번째)가 3군사령부 창설 43주년 기념식에 참석하고 있다.

김원선 목사 군복음화 비전에 단합된 힘 보여
장병 위한 충정교회 건축, 체계적 양육에 진력

6월 말 용인 3군사령부 연병장에서 뜻 깊은 질별식이 열렸다. 3군사령부가 창설 43주년을 맞아 군 발전에 도움을 준 단체인 10여 명을 초청해 감사를 표하는 자리였다. 오른쪽을 타고 질별을 하는 이들 중 염창중앙교회 김원선 목사도 있었다. 거수경례를 하는 장병들을 바라보는 김 목사의 얼굴에는 여느 때의 다정다감한 푸근한 미소가 흘렸다.

"지금도 군인들을 보면 참 좋아요. 차를 타고 가다가 군인들을 보면 차 안에 있는 음료수를 꺼내주곤 해요. 그러면서 '나 군선교사야' 그래죠."

"이웃과 함께 사랑을 실천하는 교회"

염창중앙교회 김원선 목사

새빛을 밝힌 빛의 소리
크리스천포커스   제54호

뜨거운 소명과
분명한 목회 철학이
39년 목회 결실의 초석

ISSUE

김원선 목사
염창중앙교회

목차 ✝

Cahpter 01

감사의 글

샬롬! 하나님이 하셨습니다! ✝

10년 전 주후 2008년 3월 염창중앙교회 초대 장로로서 설립 30주년 준비 위원장 되어 편찬사를 기고한 일이 엊그제 인데 벌써 또 10년이 되어 사람 나이로 보면 불혹(不惑)인 40년을 맞이한 염창중앙교회 설립을 기념하기 위하여 이제는 초대 장로가 아닌 원로 장로의 직분으로 기고문을 작성하려 하니 만감(萬感)이 교차(交叉)되나 먼저 염창중앙교회 설립 40주년을 진심으로 축하드립니다!

저는 10년 전에 말씀드린 것처럼

"너희에게 말하노니 무엇이든지 기도하고 구하는 것은 받은 줄로 믿으라 그리하면 그대로 되리라(막 11:24)"는 말씀을 지금도 가슴 속 깊이 간직하고 있습니다.

염창중앙교회 1, 2세대 믿음의 선배들은 은퇴를 앞두고 있습니다. 세상은 너무도 빠르게 변하고 있습니다. 아마도 10년 후면 우리가 상상하기도 벅찬 시대에 놓여 있을 것입니다. 신실한 믿음이 중요한 시기에 염창중앙교회가 지금과 같이 오직 주님과 동행하는 믿음의 교회가 되길 기원합니다.

교회 설립부터 지금까지 교회를 이끌어주신 김원선 목사님과 사모님께 감사를 드립니다.

이제 진실 된 믿음의 후배들께서 미래의 염창중앙교회를 잘 이끌어 나가실 것이라 믿으며 원로 장로가 아닌 초대 장로로서 목사님과 장로님 성도님 그리고 교회를 섬기는 모든 분들의 가정이 주님의 말씀 안에서 항상 화평하시기를 소원합니다.

– 경흥윤 원로장로

할렐루야!! ✝

염창중앙교회 설립 40주년 신앙의 여정을 생각하며 기쁨의 고백을 올리게 되어 진실로 감사드립니다. 사랑하는 아내 김주옥 권사 아들 성준이와 함께 본 교회를 35년 동안 묵묵히 감사하며 섬길 수 있었던 것은 지금도 제 마음을 떨리게 하는 울림들이 있었기 때문입니다.

가정의 회복을 주셨던 시간!!

김원선 목사님께서 1986~1992년까지 부부구역을 만들어 믿음의 족장들의 신앙생활을 말씀으로 훈련시켜서 주님이 원하시는 가정으로 거듭나게 하심은 오랜 시간이 흐른 지금도 잊을 수 없습니다. 목사님의 가정 사역을 통하여 받은 은혜를 따라 신앙생활 가정생활 사회생활을 한다는 일이 얼마나 행복한 지 감사가 됩니다.

복음의 계승!!

김원선 목사님은 첫째 둘째 셋째도 오직 하나님 말씀만이 능력이라며 전하신 복음의 씨앗이 다음 세대에도 계속

전하여 하나님의 뜻을 이루어 내는 염창중앙교회가 되기
를 간절히 기도드립니다.

– 박규완 장로

회복과 비전 ✝

염창중앙교회 창립 40주년을 맞이하여 뒤를 돌아보며 지난 40년은 하나님이 우리와 함께하신 40년이요. 비전을 가지고 살 수 있었던 은혜와 축복에 40년이었습니다.

"눈물로 씨를 뿌린 자는 기쁨으로 단을 거두리로다(시 126:5)."는 말씀대로 충정교회와 다바오 비전대학교에 뿌린 복음에 씨앗들이 하나 둘 열매로 맺어져 가는 것을 바라보면서 김원선 목사님과 성도여러분들과 함께한 40년이 짧게만 느껴집니다.

땅을 사서 성전을 건축하기 위해 여러 가지로 최선을 다해 헌신하였던 여러분들의 모습을 생각해보면 지금도 가슴이 두근거립니다.

놀라운 일은 성전 건축으로 인한 부채가 남아 있음에도 충정교회를 세우고 비전대학교를 세워 하나님께 드려 섬겨온 일은 정말 사명을 가지고 믿음으로 한 것이었습니다.

그래서 믿음은 바라는 것들에 실상이라 하신 말씀을 경험하면서 이 일들을 주관하신 하나님께 큰 영광을 돌립니다.

40주년을 회상하며 이 큰 일들을 보면서 기도합니다.

나를 긍휼히 여기시고 이제라도 전도하게 하소서 선교하게 하소서 살아 있는 예배를 드리게 하소서!

누군가 '기도합시다 도와줍시다 하나님의 일입니다'라고 하면 예 제가 여기 있습니다. 나를 사용하여 주소서.

당연히 해야 할 하나님의 일인데 왠지 할 수 없을 때는 하나님이 누군가를 통해서 할 수 있도록 나를 주관하여 주소서.

성도 여러분!

우리의 믿음과 신앙을 말씀의 저울에 달아보면 창립 40주년을 맞이하여 건축할 당시의 간절했던 신앙이 회복되어 충정교회와 비전대학교를 세운 하나님의 뜻이 이루어질 수 있도록 생명이 다 할 때까지 기도하고 후원하며 함께 동역할 수 있는 염창중앙교회 성도들이 되기를 기도합니다.

－황순길 장로

38년 전 삼성 관음아파트 대로로 차가 지나가면 비포장 도로 흙먼지가 구름처럼 일어나던 일이 생각납니다. 그 도로변을 성경책을 끼고 심방하고 전도하시던 군청색 양복에 장발 모습 당시의 김원선 전도사님이 지금도 선합니다.

서울에서도 낙후되고 서민 가난한 사람들이 많이 살았던 염창동이 지금처럼 아파트 단지의 상전벽해(桑田碧海)가 되고 중산층 사람들이 주로 사는 전철과 편리한 교통 살기 좋은 동네로 변했습니다.

목사님이 이곳을 초지일관 40년 동안 지키며 염창동이 발전한 것과 같이 우리 교회가 지금과 같이 부흥 발전했습니다.

박정혜 권사님의 동아연립에서 설립예배를 드리고 중국집 식당 지하에서 가마니를 깔고 예배를 드리던 일이 엊그제 같은데 40주년 기념을 준비하고 있습니다.

40장년의 늠름한 모습으로 선 염창중앙교회!

앞으로 80년, 100년의 기념식을 기약하며 더욱 성장 부흥 발전하기를 기원합니다.

은퇴하실 때 유종의 미(有終—美)를 거두시고 2代 목사
님에게 바통 터치하여 영원히 성장하는 교회되기를 기도
합니다. 목사님 수고하셨습니다!

– 장호영 장로

어느덧 40주년을 맞이한 교회를 바라보면서 야곱의 고백처럼 꿈같은 세월이었다. 하나님의 은혜가 꿈같이 아름답게 인도하셨다.

반추한다. 1980년 봄 본 제단에 등록하여 기쁨과 고통의 사건 속에서도 나로 하여금 염창중앙교회를 섬길 수 있도록 부족한 날 지키시고 이끄심 역시 하나님의 은혜요 감사요 행복입니다.

설립 40주년을 맞는 기쁨과 뿌듯한 만큼이나 앞으로의 40년을 지금처럼 교회의 사명을 다했으면 하는 마음으로 기도하며 제2의 교회의 부흥을 난 꿈꾼다.

모름지기 하나님의 교회는

첫째 영혼구원(구령사업)

둘째 주님의 지상 명령인 복음 전파

셋째 주님의 사랑을 실천해야 교회다.

내 사랑하는 교회는 이 귀한 일을 40년간(不惑之年) 잘 감당해 왔다. 주님의 이름으로 세워진 교회이기에 앞으로도 아름답게 성장 할 것을 확신한다.

자랑할 것이라곤 하나도 없는 부족한 장로에게도 주신

말씀이 있어 함께 은혜를 나누고자 암송한다.

"내가 이미 얻었다 함도 아니요 온전히 이루었다 함도 아니라 오직 내가 그리스도 예수께 잡힌바 된 그것을 잡으려고 달려가노라 형제들아 나는 아직 내가 잡은 줄로 여기지 아니하고 오직 한 일 즉 뒤에 있는 것은 잊어버리고 앞에 있는 것을 잡으려고 푯대를 향하여 그리스도 예수 안에서 하나님이 위에서 부르신 부름의 상을 위하여 달려가노라 그러므로 누구든지 우리 온전히 이룬 자들은 이렇게 생각할지니 만일 어떤 일에 너희가 달리 생각하면 하나님이 이것도 너희에게 나타내시리라 오직 우리가 어디까지 이르렀든지 그대로 행할 것이라 형제들아 너희는 함께 나를 본받으라. 그리고 너희가 우리를 본받은 것처럼 그와 같이 행하는 자들을 눈 여겨보라"(빌 3:12-17)

오직 주님만을 모델로 삼아 한국교회의 선교 모델로 크지는 않지만 그러나 강한 예수님의 교회로 주님이 오시는 날까지 항상 초심을 잃어버리지 않는 교회되기를 원합니다.

– 전종칠 장로

샬롬!~ 염창중앙교회 40주년을 진심으로 축하합니다. ✝

1982년 3월 결혼하여 6월에 임정택 집사님의 전도를 받아 염창중앙교회에 등록 한 것이 엊그제 같은데 염창중앙교회가 40주년이라니 감회가 새롭습니다.

결혼 전 저는 왕국회관(여호와의 증인)에 다니다가 염창중앙교회에 교인이 되었기에 처음에는 조금 낯설고 어색하여 많은 생각을 하였습니다.

그러던 어느 날 김원선 목사님이 전하는 복음을 듣고 은혜를 받아 하나님의 자녀로 거듭난 일은 감격과 감동입니다.

제 인생의 70% 이상을 염창중앙교회 김원선 목사님과 성도여러분들과 함께 하면서 육신의 건강도 회복되고 딸 누리와 아들 원남이가 성장하여 건강한 결혼 생활을 하는 것 역시 여러분들의 기도응답으로 알기에 감사드립니다.

개척교회가 다 그렇듯 우리 교회도 염창동 여러 곳을 전전하며 이사를 많이 하였습니다. 다만 이사 날짜를 맞추기 위해 퇴근 후 교회에 달려가 일하다 보면 날이 밝는 줄도 모르고 섬겼던 시간들은 좋은 추억이 되었습니다.

우리 교회는 처음 시작부터 염창동을 중심으로 세계 선교를 위해 세워진 교회이기에 이 약속을 지키기 위하여 염창중앙교회라 이름 하였습니다.

그래서 성전을 건축하기 위하여 임시로 구입한 가양동 부지를 팔아서 염창동 265번지 203평을 계약하였으나 가양동 땅값을 받지 못하고 오히려 가진 돈까지 잃어버리게 되었으니 얼마나 낙심이 되었겠습니까!

그러나 우리는 눈물로 기도하며 현재 번지에 공장을 우리 9166부대 당시 정중식 대대장과 충정교회 군인 형제들의 도움을 받아 수리하여 이사를 하였습니다.

감사한 일은 고난의 날은 지나고 황순길 장로님과 김화자 권사님은 살던 집을 송자영 집사님은 유산으로 받은 600평의 논을 목사님의 부친은 집과 밭을 부족한 저는 전세금을 드리고 성도 여러분들은 누가 먼저라 할 필요 없이 십시일반 모두가 동참하여 오늘의 교회를 세웠습니다.

지금 우리는 말할 수 있습니다.

어떠한 어려움과 고난 가운데서도 기도하는 사람은 힘 주시고 능력주시는 하나님은 살아계신다.

40주년! 어떻게 말로 다 표현 할 수 있겠습니까?

다만 남은 시간 본이 되는 삶을 살아야 한다는 거룩한 부담감을 가지고 기도합니다.

김원선 목사님 다음 세대를 위하여 갑절의 은혜를 받은 엘리사 같은 목자가 대를 이어가게 하옵소서.. 감사합니다.

−최무룡 장로

염창중앙교회 40주년행사를 통하여 40년 동안 인도해 주신 하나님께 감사와 영광을 돌려드리면서 시편 23편 말씀으로 감사의 마음을 전합니다.

  "여호와는 나의 목자시니 내게 부족함이 없으리로다 그가 나를 푸른 풀밭에 누이시며 쉴 만한 물 가로 인도하시는도다 내 영혼을 소생시키시고 자기 이름을 위하여 의의 길로 인도하시는도다 내가 사망의 음침한 골짜기로 다닐지라도 해를 두려워하지 않을 것은 주께서 나와 함께 하심이라 주의 지팡이와 막대기가 나를 안위하시나이다 주께서 내 원수의 목전에서 내게 상을 차려 주시고 기름을 내 머리에 부으셨으니 내 잔이 넘치나이다 내 평생에 선하심과 인자하심이 반드시 나를 따르리니 내가 여호와의 집에 영원히 살리로다"

  –정종혁 장로

창립 40주년에 즈음하여! ✝

제가 염창중앙교회에 등록한지도 벌써 29년이란 많은
세월이 흘렀네요.

처음 출석할 때에 교회는 상가건물 2층에 있었습니다.
예배 처소는 작고 초라하였지만 목사님의 뜨거운 열정의
말씀으로 성도들은 소망이 넘쳤습니다. 교회 창립 40주년
을 맞으며 새삼스레 지난날들을 생각해 보니 이 모든 것이
다 하나님의 은혜요 축복이라고 고백할 수밖에 없습니다.

그동안 많은 변화 속에서 교회는 성장하였고 저 자신도
많은 신앙 성장과 부족하지만 장로로서 모든 이들을 섬길
수 있는 자리에 있다는 것에 다시 한 번 주님 앞에 감사드
립니다.

이제 지난 40년의 교회 역사를 기록에 남겨 염창중앙교
회 40년의 역사가운데 행하신 하나님의 은혜를 다음 세대
가 영원토록 기억하기를 소망 합니다.

염창중앙교회를 통하여 이루어 가실 하나님의 섭리를 기대하며 모든 성도가 그 은혜에 동참하는 마음들로 하나 되어 다음 역사를 이어 하나님의 전적인 은혜 안에 거룩한 역사를 만들어 가는 아름다운 교회 공동체가 되기를 간절히 소망합니다.

그리고 희생적인 헌신으로 아름답게 교회를 섬겨온 믿음의 어른들의 신앙의 발자취를 다음 세대들이 기억 하며 그 신앙이 아름답게 전수되어 가기를 또한 소망 합니다.

그러므로 우리 염창중앙교회는 계속 든든히 서가고 이 교회를 통해 구원 받는 자의 수가

천명, 이천 명, 삼천 명 날마다 더해져 화평 속에 성장 하는 교회! 우리 주님 오시는 그날까지 염창동에서 세계를 향하여!

이 시대에서 오는 여러 세대로 우리를 구원한 생명의 복음을 증거 하는 교회로 독수리 양 날개 침과 같이 계속 비상해 오르는 우리 염창중앙교회가 될 줄 믿습니다!

지금까지 염창중앙교회를 인도하신 하나님께 감사드리

고 40년을 넘어 50년 100년의 비전을 주신 하나님께 모든 영광을 올려드립니다.

−박광용 장로

먼저 하나님께 감사와 영광을 올려 드리며 기도합니다. ✝

염창중앙교회를 40년 전에 이곳에 세우시고 많은 영혼들을 구하게 하시며 말씀으로 양육하게 하시니 진심으로 감사드립니다. 이 교회를 세워가는 동안 때로는 힘들고 어려웠지만 몸과 마음과 물질을 바쳐 주님께 충성한 많은 성도들을 기억하시고 더욱 더 충성하는 자리에 머물게 하여 주옵소서. 교역자와 성도가 합심하여 세상에 빛과 소금의 역할을 다하며 각기 맡은 자리에서 최선을 다할 수 있도록 이끌어 주시옵소서.

바라는 마음은

① 반석 위에 든든히 서가는 교회

② 믿는 자의 본이 되는 교회

③ 말씀을 사모하고 기도에 힘쓰는 교회

④ 어린 영혼들을 더욱 양육하는 교회

⑤ 서로 이해하고 협력하는 교회

⑥ 지역 사회를 위하여 봉사와 헌신하는 교회

⑦ 저희 교회가 양적으로나 질적으로 부흥 발전하는 교회

-김기성 장로

주안에서 샬롬! ✝

우리 교회가 어느새 40주년을 맞았습니다. 교회와 성도들이 함께 걸어온 소중한 성장의 시간들이었습니다. 이 기간 동안 선교와 사회에 헌신해 온 자랑스러운 역사와 믿음을 지켜준 담임목사님과 성도들이 계셨기에 우리의 믿음이 이 만큼 성장하였다고 생각하니 겸손해지는 마음과 함께 든든하고 행복한 마음을 갖게 됩니다.

앞으로도 더욱 하나님 영광을 위하여 주님 주신 믿음으로 서로 섬기고 교제하며 이웃을 지속적으로 사랑한다면 훗날 우리들이 만나는 50주년, 100주년은 더 큰 기념이 될 것입니다.

사랑하는 성도 여러분! 그날을 바라보며 교회 부흥에 더 단단한 울타리가 됩시다.

－인신환 장로

교회가 40주년을 맞이하면서
선정한 주제는 "회복과 비전"입니다. ✝

우리 교회는 40년 동안 온전한 성인으로 성장하면서 하나님께서 주신 사명을 잘 감당하고 있습니다. 특히 다바오 비전대학교와 충정교회를 통해서 하나님의 일꾼들을 키워 나가는 일은 하나님도 기쁘게 생각하시리라 믿습니다.

그러나 우리는 이 시점에서 다시 한 번 겸손한 마음으로 자신과 교회를 돌아보아야 한다고 생각합니다.

예수 그리스도를 향한 첫 사랑을 회복하고 처음의 열정과 감격으로 일하고 있는지를 하나님 말씀 위에 비추어 보아야 합니다. 그리고 다음 세대를 준비하는 비전과 계획을 세우고 실천해 나가야 할 때라고 생각합니다.

특별히 설립 30주년을 맞이하면서 시작한 다바오 비전 대학의 성장을 보면서 하나님께서는 원하시는 시간과 장소에 가장 적합한 사람들을 세워서 일하시는 것을 느꼈고 합력하여 선을 이룬다는 말씀을 실감나게 하였습니다.

(스가랴4:6下) "~만군의 여호와께서 말씀하시되 이는 힘으로 되지 아니하며 능력으로 되지 아니하고 오직 나의 영으로 되느니라"는 말씀처럼 우리가 교회 일을 행할 때 나의 지혜와 나의 경험을 주장하는 것이 아니라 성령 충만함을 받아 하나님께서 우리 교회에 주신 사명을 잘 분별하여 헌신하는 사명 자가 되고 우리의 공동체가 함께 웃고 함께 우는 사랑의 공동체가 되며 미래의 일군들을 잘 키워나가는 교회가 되어 가기를 간절히 기도합니다.

– 조정일 장로

1989년 20대 젊은 시절... ✝

황무지 였던 염창동 조그만 건물 지붕 위에 있던 십자가만 바라보고 찾아가 예배에 참석했던 교회가 지금에 염창중앙교회였다.

신혼부부가 직장이며 교회며 섬기다보니 성도수가 적어 맡은 일이 많았지만 열심히 순종하며 감당했던 그때 그시절 뒤돌아보니 너무 감격스럽고 가슴이 벅차오른다.

오늘이 있기까지 목사님을 비롯하여

많은 성도들에 희생 헌신 봉사 그리고 눈물의 기도로 올해 40주년을 맞게 되니 또한 감사하고 감사할 뿐이다.

앞으로도 김원선 담임 목사님의 목회 방침을 따라 선교와 전도가 계속 이어져 우리후손들이 말씀으로 잘 양육되어 하나님의 큰 일꾼들이 많이 배출되고 우리가 하지 못한 더 큰일들을 감당하여 하나님이 기뻐하시는 염창중앙교회가 되길 바란다.

– 정시종 장로

설립 40주년을 기념하며! ✝

영등포에서 살다가 결혼 3년 차였던 1985년도 초겨울! 생소한 염창동에 삶의 보금자리를 만들어 이사를 왔다. 그 당시만 하여도 관음 아파트가 유일한 아파트였고 2차선 도로는 포장 공사와 지하에 상수도관 매설로 어수선 하였다.

우리 터전인 5층짜리 길훈 아파트는 88올림픽도로 준공과 비슷한 시기에 건축되어 입주를 한 것이다

교통은 신촌행 130번, 영등포행 125번 버스가 약20분 간격으로 운행하였기에 언제나 콩나물시루 버스였다. 우리 염창중앙교회는 큰 도로에서 염창중학교 방향으로 40~50미터 정도 떨어진 2층 건물에 세 들어 있을 때였다.

어느 날 새벽에 김원선 목사님께서 심방을 오셨다. 알고 보니 새벽 심방은 예나 지금이나 목사님의 특유한 심방 방법이었다.

이렇게 염창중앙교회와의 인연이 시작되었다. 원래 나는 믿지 않는 가정에서 자라다가 이성희 권사와 결혼하면

서 억지로 교회에 끌려나오는 교인이었다.

그 때 우리 교회는 장로님은 안 계셨고 황순길 박규완 박효근 최무룡 이흥기 집사님 등이 부부구역이 되어 각 가정에서 음식을 조금씩 준비하여 구역예배를 드린 후 저녁 식사를 같이하던 시기였다

이런 예배를 드리면서 성도간의 교제가 자연스럽게 이루어졌고 믿음이 조금씩 성장할 수 있었다. 그 때 배고픈 시절 총각 전도사님이 식사를 거르면서 고생하시던 모습을 본 것은 오래토록 아쉬운 기억으로 남아있다

그러다가 회사가 대전으로 이전하는 바람에 1988년도에 이사해야 했다. 이사하기 전날 목사님께서 찾아오셔서 우리 가정에서 이전 예배를 드렸는데 주체할 수 없을 정도로 눈물을 흘리며 흐느끼던 30여 년 전의 기억은 잊을 수 없다.

대전에서 주운이가 태어났을 때에 목사님 내외분과 여러 집사님들의 심방 또한 잊을 수 없는 아름다운 추억이다.

감사한 것은 떠날 때에는 단출한 신혼부부이었지만 직장이 서울로 복귀되어 1995년도에 돌아올 때는 선물로 받

은 주운이와 주실이와 함께 성도들의 환영을 받으며 돌아왔다.

사랑이 많은 우리 염창중앙교회가 참으로 좋다. 목사님이 정이 많으셔서 그런지 우리 교회 성도들은 심성이 착하고 다정다감하다.

감사한 것은 부족한 사람이 장로가 되었다. 그래서 순종하며 사명을 잘 감당하려고 기도한다.

하나님은 헌신과 열정 그리고 특별한 선교사명을 가지신 우리 목사님과 성도들을 통하여 9166부대 충정교회를 먼저 건축하여 국내전도의 디딤돌을 세우신후 본 교회를 건축하여 헌당케 하셨다. 그리고 세계선교를 위해 이억만 리 필리핀 다바오에 비전대학교를 세워 530명의 학생들을 섬기며 졸업생들을 통해 교회들을 세워가고 있다.

이러한 간증은 우리 교회가 받은 은혜요 축복받은 징표다.

간절히 바라기는 40주년을 기하여 더 큰 일을 감당하는 염창중앙교회가 되기를 기도드린다.

-이문수 장로

복음의 씨앗이 염창에 뿌려지고 일꾼들을 통하여 든든히 세워진 교회가 환란과 고난 가운데서도 40마디로 성장시켜주신 하나님께 무한 감사드립니다.

새로운 세대를 통하여 주님의 구원사역에 동참하게 하시고 하나님 보시기에 칭찬 받는 교회가 되기를 바랍니다.

부모는 자녀를 통하여 축복의 통로가 되게 하시며 선진들의 믿음의 본을 통하여 화평과 사랑이 넘치는 소금창고가 되게 하시며 어둠의 권세를 빛으로 멀리 보내고 각각 받은 은사에 따라 주님이 주신 사명을 잘 감당하는 성도들 되게 하심을 40주년을 통하여 하나님께 더욱 감사드립니다.

더 나아가 주님 오실 때 까지 부흥 성장하는 교회되게 하소서.

-황영규 장로

할렐루야! ♁

　하나님께서 40년 전 이곳 강서구 염창동에 염창중앙교회를 세우시고 지금까지 인도하여 주시고 긍휼을 베푸셔서 아름답고 보배로운 교회로 성장하게 하심을 진심으로 감사드립니다.

　저는 16년 전 김포에서 서울로 이사 와서 만나게 된 교회가 바로 염창중앙교회 입니다. 미약한 신앙을 가진 저에게 하나님을 진정으로 만나 성숙한 믿음을 갖게 해준 고마운 교회입니다.

　남전도회를 통하여 회원들 간의 친교가 무엇인가를 깨닫게 하여 주었고 성가대와 중창단 찬양을 통하여 하나님에 대한 감사와 영광을 알게 하여 주었습니다.

　그리고 9166부대 충정교회 다바오 비전대학교를 세워 복음을 전파하는 사명에 동참하게 하여 주신 염창중앙교회 담임 목사님을 비롯하여 모든 성도님들에게 진심으로 감사를 드립니다.

한 알의 밀이 땅에 떨어져 죽어야만 많은 열매를 맺는다는 하나님의 말씀처럼 염창중앙교회 모든 성도들이 예수 그리스도의 삶을 닮아가는 믿음의 성도들이 다 될 수 있기를 바라며 하나님 마음에 맞는 교회되기를 기도합니다.

　우리 교회가 후원하는 농어촌교회 충정교회 인도네시아를 중심으로 파송된 선교사님들과 비전대학교를 통하여 하나님의 나라가 확장되기를 뜨거운 가슴으로 바라며 설립 40주년을 맞이하는 우리 교회와 성도들이 그리스도의 편지되기를 기도합니다.

– 오병택 안수집사

제가 9166부대 충정교회에서 목사님과 우리 교회 성도들을 만난 지가 24년이 되었습니다.

올해로 우리 교회가 40주년을 맞이하게 되는데 모세는 40년 동안 애굽에서 훈련을 받았고 이스라엘 백성들은 광야에서 40년 동안 훈련을 받았습니다. 그래서 '40년'이라는 것은 특별한 의미를 갖는 숫자인 것 같습니다.

40년 동안 훈련 후에 하나님께서 크게 쓰신 모세처럼 우리 교회가 그동안도 사역을 잘 감당해 오고 있지만 하나님이 원하시는 사역에 하나님이 원하시는 교회의 모습으로 더 크게 쓰임 받고 성장하기를 간절히 기도합니다.

지난 40년 동안 성도를 향한 큰 사랑으로 교회를 이끌어 오신 김원선 목사님! 정말 존경하고 사랑합니다.

목사님의 사역 위에 하나님의 은혜가 넘쳐나기를 바라고 모세의 후임에 여호수아가 준비되었던 것처럼 목사님 후임도 하나님 마음에 맞는 귀한 분을 보내 주실 것을 믿으며 기도합니다.

특별히 40주년을 맞이하여 부족하지만 총 여전도회 회

장으로 사명을 감당할 수 있음을 개인적으로는 큰 영광으로 생각하면서 더욱 겸손한 마음으로 교회를 위해 기도합니다.

– 정순향 권사

Cahpter **02**

시와 사진

소금(salt)

값이 싸다
쉽게 구할 수 있다
체액이 알카리성을 띠도록 유지한다
없으면 안 된다

썩지 않는다
방부제다
유효 기한이 없다
맛을 낸다

녹아 맛을 낸다
대체물은 없다
전쟁의 원인이 되기도 했다
좋은 명언을 낳는다

엘리사는 소금으로 물을 고쳤다

하나님은 소금 언약으로 복을 알게 하셨다

예수님은 소금을 두고 화목 하라 하셨다

그리스도인은 세상의 소금이다

"너희는 세상의 소금이니 소금이 만일 그 맛을 잃으면
무엇으로 짜게 하리요 후에는 아무 쓸 데 없어
다만 밖에 버려져 사람에게 밟힐 뿐이니라"(마5:13)

주후 2018년 40주년 기념 집의 제목

씨(種子)

씨는 선택을 받는다
씨는 보호를 받는다

씨는 생명이 있다
씨는 부드러움이 있다

씨는 꿈을 꾸게 한다
씨는 거짓말을 못한다
씨는 죽어야 열매를 맺는다

"내가 진실로 진실로 너희에게 이르노니
한 알의 밀이 땅에 떨어져 죽지 아니하면
한 알 그대로 있고 죽으면 많은 열매를 맺느니라"(요 12:24)

주후 2015년 5월 2일

계단

계단 앞에 서 보세요

계단은
길입니다 질서입니다
푯대입니다 스펙입니다
삶 그리고 인생입니다

계단은
대나무 마디같이 고비가 있지만
한 계단씩 함께 올라가 보세요
정상에 섰을 때
'아!' 감사하다'
'아하' 그래서 그랬구나!
'아하하' 웃을 수 있을 거예요

**"푯대를 향하여 그리스도 예수 안에서 하나님이 위에서
부르신 부름의 상을 위하여 달려가노라"(빌 3:14)**

주후 2015년 6월 20일

뿌리

뿌리는 버팀목이다
뿌리는 가뭄을 견디게 하는 우물이다

뿌리는 수분을 탐지하는 손이다
뿌리는 양분과 수분을 먹는 입이다

뿌리는 양분을 저장하는 창고다
뿌리는 노폐물을 배설하는 하수구다

뿌리는 꽃과 열매로 말한다

주후 2015년 10월 22일

지게꾼

지게꾼은 섬김이다
짐을 지는 전문가다
짐을 질 때 감사한다
짐을 내려놓은 후 삯도 받는다

주님은
세상 죄 짐을 지고 가신
지게꾼이다

그리스도인은
자기 십자가와 사랑하는 사람의 짐을 지고
주님을 따르는
지게꾼이다

"이르시되 화 있을 진저
또 너희 율법교사여
지기 어려운 짐을 사람에게 지우고
너희는 한 손가락도 이 짐에 대지 않는 도다"(눅 11:46)

주후 2015년 8월 4일

안테나(Antenna)

안테나(Antenna)는 변환장치다
안테나는 커뮤니케이션이다
안테나는 전자기장을 방사하는 전도체의 배열이다
귀뚜라미 머리에 세워진 안테나는 길잡이다
산위에 세워진 안테나는 메시지를 받고 전달한다
배구 네트 안테나(지주봉)는 분쟁을 막는다
안테나는

높은 곳에 살지만 우쭐대지 않는다
아름다운 곳에 살지만 뽐내지 않는다
사람들의 관심을 받지 못해도 실망하지 않는다
그리스도인들은 땅 끝까지 복음을 전하는 안테나이다
안테나는 하나님의 선물이다

제주도 KBS 삼내봉 중개소

주후 2016년 6월 14일

과녁

황색 주황색 청색 흑색 백색의 옷을 입고 있다

과녁의 지름은 1m 22cm 중심원은 102cm

중심원에 들어가면 10점 두 번째는 9점 세 번째는 8점

문제는 8점을 얻어도 등외가 될 수 있다

화살이 날아가는 거리는 70m

화살이 날아가는 속도는 190km/h

선수는

자신을 이겨야 한다

바람을 이겨야 한다

10점에 화살을 심어야 상을 받는다

주후 2016년 8월 12일

양궁선수 장혜진이 리우에서 활을 당길 때……

목소리 높여 크게 외쳐봅시다

네,
들려요
나를 사랑하신다는 하나님의 음성
나를 사랑한다는 가족과 친구들의 음성

네,
보여요
내 고향 천국
내 사랑하는 가족과 친구들

네,
기억이 났어요
주님께서 주신 갚을 수 없는 은혜
사랑하는 가족과 친구들이 내어준 큰 선물

네,
아직 늦지 않았어요

아직 후회할 때가 아니에요

목소리 높여 크게 외쳐보아요

사랑하는 사람들을 위하여

"야곱이 바로에게 아뢰되 내 나그네 길의

세월이 백삼십년이니이다

내 나이가 얼마 못 되니 우리 조상의 나그네 길의

연조에 미치지 못하나

험악한 세월을 보내었나이다 하고

야곱이 바로에게 축복하고 그 앞에서 나오니라"

(창 47:9-10)

주후 2017년 1월 17일

예당행복요양원

갈대(蘆)

바람을 위해 춤을 춘다
새들을 위해 옷을 벗는다
물고기들을 위해 어머니 품이 된다
나그네들을 위해 노래를 부른다

바람은 춤추는 나를 친구라 한다
새들은 옷을 벗어주는 나를 친구라 한다
물고기들은 어머니의 품이 된 나를 친구라 한다
사람들만 노래를 불러주는 나를 갈대라 한다

피조물의 대장 사람들아
중심보시는 하나님처럼
약한 것 같지만 '하나 된 우리'
'비바람 견디는 뿌리'를 보며

꽃말 그대로
나를 '신의은총' '친절'
'순정' '지혜'라 불러 줄 수는 없소?

주후 2012년 10월 20일 제주도 주상 절리 대

광복 (71주년이 주는 교훈)

나라가 없다면 역사도 없다
나라가 없다면 미래도 없다
나라가 없다면 자유도 없다

힘이 없는 나라는 언어를 지키지 못한다
힘이 없는 나라는 백성을 지키지 못한다
힘이 없는 나라는 가정을 지키지 못한다

복음의 사람은 자유가 있다
복음의 사람은 꿈과 사명이 있다
복음의 사람은 신자요 효자요 애국
자다

주후 2016년 8월 14일

그릇

큰 집에는 금그릇과 은그릇

나무그릇과 질그릇

귀하게 쓰는 것과 천하게 쓰는 것도 있다

깨끗해야 쓰임 받는다

귀한 것으로 채워 있어야 사랑 받는다

선한 일에 쓰임 받아야 가치가 있다

복을 받게 하는 사람은 귀한 그릇이다

사랑하는 사람은 귀한 그릇이다

질그릇처럼 섬기는 사람은 귀한 그릇이다

"큰 집에는 금 그릇과 은그릇뿐 아니라
나무 그릇과 질그릇도 있어
귀하게 쓰는 것도 있고 천하게 쓰는 것도 있나니
그러므로 누구든지 이런 것에서 자기를 깨끗하게 하면
귀히 쓰는 그릇이 되어
거룩하고 주인의 쓰심에 합당하며
모든 선한 일에 준비함이 되리라"
(딤후2:20~21)

주후 2016년 9월 24일

백석동 초송 공원 보리밥집

기도(προσεύχομαι 프로슈코마이)

εὐδοκία(소원, 유도키아)
모나지 않게 하소서
가시처럼 아픔을 주지 않게 하소서
짐이 되지 않게 하소서

περιπατέω(걸어라, 페리파테오)
주님과 함께 걷게 하소서
주님이 사랑하는 사람들과 걷게 하소서
주님이 원하시는 길로 걷게 하소서

εὐχαριστία(축복, 유카리스티아)
영광 돌리게 하소서
간증하게 하소서
영원한 동역자 되게 하소서

주후 2006년 8월 중국 왕군영
회장이 준 기도하는 소녀.

"예수는 물러 가사 한적한 곳에서 기도하시니라"(눅 5:16)

주후2016년 9월을 바라보며

길 하나의 차이

길 하나로 나눠지는 이름
부촌, 빈촌

길 하나로 나눠지는 또 다른 이름
안전지역, 우범지역

길 하나로 나눠진 모습을
브라질 살바도르 다 바이아에서만
볼 수 있을까?

길 하나로 나눠지는 성공과 실패
길 하나로 나눠지는 영과 육
길 하나로 나눠지는 천국과 지옥

길 위에 서 있는 당신
선택을 해야 하는 당신
예수가 선택한 당신
당신은 소중하다

"예수께서 이르시되
내가 곧 길이요 진리요 생명이니
나로 말미암지 않고는 아버지께로 올 자가 없느니라"(요 14:6)

주후 2003년 8월

브라질 살바도르 다 바이아(Brazil Salvador da Bahia)

꿈(DREAM)

꿈은 선물이다
꿈은 사명이다
꿈은 축복이다

믿음이 있는 사람은 꿈을 꾼다
소망이 있는 사람은 꿈을 꾼다
사랑이 있는 사람은 꿈을 꾼다

뉴질랜드 후카폭포(Huka fall) 아침

꿈꾸는 사람은 뜻을 세운다
꿈꾸는 사람은 인내한다
꿈꾸는 사람은 간증이 있다

꿈을 주신 하나님께 감사하자
꿈을 나눌 수 있으니 감사하자
꿈을 위해 기도하니 감사하자

"일을 행하시는 여호와 그것을 만들며 성취하는 여호와
그의 이름을 여호와라 하는 이가 이같이 이르시도다"(렘 33:2)

주후 2015년 12월 20일

동트는 아침

새벽 네 시에 일어나야 했다
알람시계는
나를
04시에 일어나게 했다

보였다
어둠이 물러가는 것을
붉은 태양이 인사하는 것을
생명들이 찬양하는 것을

들렸다
오색 색깔로 단장한 하늘을 보며 찬양하는 소리
이슬비로 화장한 만물을 보며 감사하는 소리
일터로 가는 사람들을 축복하는 소리

고백하였다
동트는 아침은 새로움이다

동트는 아침은 희망이다

동트는 아침은 선물이다

"일어나라 빛을 발하라 이는 네 빛이 이르렀고
여호와의 영광이 네 위에 임하였음이니라"(이사야 60:1)

주후 2016년 7월 8일 새벽4시 여수

'사닥다리'

길임을 경험하게 한다
시작을 경험하게 한다
과정을 경험하게 한다
최상을 경험하게 한다

인내가 있어야 한다
디딤돌이 있어야 한다
관계가 있어야 한다
수고가 있어야 한다

야곱은 보았다
오르락내리락 하는 하나님의 사자들
땅을 주신다고 약속하신 하나님
복을 받아야 할 족속
돌아가야 할 본향

"꿈에 본즉 사닥다리가 땅 위에 서 있는데 그 꼭대기가 하늘에 닿았고 또 본즉 하나님의 사자들이 그 위에서 오르락내리락 하고 또 본즉 여호와께서 그 위에 서서 이르시되 나는 여호와니 너의 조부 아브라함의 하나님이요 이삭의 하나님이라 네가 누워 있는 땅을 내가 너와 네 자손에게 주리니 네 자손 땅의 티끌 같이 되어 네가 서쪽과 동쪽과 북쪽과남쪽으로 퍼져 나갈 지며 땅의 모든 족속이 너와 네 자손으로 말미암아 복을 받으리라"

(창 28:12-14)

주후 2014년9월 20일

아포산

나의 키는 2954m다

나의 이름은 "아포"다

나는 사랑하는 1800만 민다나오 사람들의 애환과 눈물을
머금었다가
단비되어 새로운 생기를 만물에 공급해 준다

나는 모든 이들의 격려와 간절한 소망을 가슴 가득 품었다가
한 순간에 토해내어 태양의 길을 열어 준다

부탁한다

나의 집을 방문하려면
예의를 지켜라
무례히 행하지 말라
내 친구들의 안내를 받아라

약속한다

3일 길 달려온 당신에게 제 속살과 마음을 보여주겠다
올라올 때는 고생하였지만 추억을 만들어 주겠다
그러나 하산 할 때는 집과 일터로 가라

나는 가끔 불이나 폭우로
혹은 폭풍으로
화를 낼 때도 있기 때문이다

※ 아포산은 다바오 비전대학교 옥상에서도 볼 수 있는 산입니다

주후2011년 6월 7일 비전대학교 입학식 후

파라디이스 섬에서
수련회를 마치고 돌아오는 뱃길에서
송무영 집사님의 이야기를 듣고

옷걸이

내 이름은 옷걸이다

매장에 있어도 옷걸이
세탁소에 있어도 옷걸이
안방에 있어도
거실에 있어도 옷걸이
원목 옷걸이도 옷걸이다

2013년 1월 15일 옷을 꺼내 입다가.

나는 순종한다

옷을 입혀도 순종
옷을 벗겨도 순종
새 옷을 입혀도 순종
헌 옷을 입혀도 순종

내 이름은 옷걸이다
왕복(王服)을 입어도 옷걸이
예복(禮服)을 입어도 옷걸이
상복(上服)을 입어도 옷걸이

옷걸이는 옷걸이다

육의 사람 성령의 사람

사람들은 자랑한다

강한 것을 자랑한다
부(富)를 자랑한다
지식을 자랑한다
잘된 것을 자랑한다

그리스도인들은 자랑한다

약한 것을 자랑한다
가난한 것을 자랑한다
무지함을 자랑한다
때로는 실패한 것도 자랑한다

"무익하나마 내가 부득불 자랑하노니 주의 환상과 계시를 말하리라"
"나를 위하여는 약한 것들 외에 자랑하지 아니하리라"
"내 능력이 약한 데서 온전하여짐이라"
"내가 약한 그 때에 강함이라"
(고후 12:1 5 9 10)

주후 2016년 3월 2일(수)

겨릿소

짝을 이루는 겨릿소
일 잘하고도 마라소를 위해 채찍을 맞는 안소
채찍을 맞는 안소 보면서 일을 배우는 마라소
함께 멍에를 메고 옥토 만들어 열매 거두게 하는 겨릿소

겨릿소는 순종하여 주인의 기쁨이 된다
겨릿소는 함께하여 서로의 기쁨이 된다
겨릿소는 제물되어 모두의 기쁨이 된다

"나는 마음이 온유하고 겸손하니
나의 멍에를 메고 내게 배우라
그리하면 너희 마음이 쉼을 얻으리니
이는 내 멍에는 쉽고 내 짐은
가벼움이라 하시니라"
(마 11:29-30)

주후2016년 9월

틈

당신은
바위틈에 뿌리를 내린 나무를 보셨습니까?
바위틈에 집을 짓고 사는 생명을 보셨습니까?
바위 틈 사이로 흐르는 샘을 보셨습니까?

바위틈에 낀 흙과 잡초만 보았다면 함구하십시오
틈은
통로입니다
기회입니다
문입니다
허용 즉 YES입니다

나는 틈의 비밀을 알았습니다
깨지고 벌어져 생긴 구멍(隙)이 아니라
하나님의 자녀를 구원해 내기 위한
복음 전함의 통로요
기회(間)요
문이었습니다

주후 2013년 9월 10일

쓰촨성 당나라 시인 두보초당(杜甫草堂)

Chapter 02 시와 사진 **77**

숫돌

칼날을 세우는 '숫돌'
칼날을 세우는 '날물'

무딘 철 연장
녹 슬은 철 연장
날을 세우듯

강팍한 심령
돌밭 된 심령
쳐서 복종시키자

"무딘 철 연장
날을 갈지 아니하면 힘이 더 드느니라
오직 지혜는
성공하기에 유익하니라"(전도서 10:10)

주후 2017년 1월 7일

지도자(leader)

리더(leader)

기관별 찬양대회!!
은혜가 되어서 감사했다
불평(심사)이 없어서 감사했다
풍성해서 감사했다

들려왔다

옥(玉)에 티
잘하고 싶었단다
협력이 안됐단다
섭섭했단다
언성이 높아 졌단다

제32회 찬양 대회가 끝난 후

내심
들려주지 말지

참 좋았는데
감사만 하면 좋은데
리더는 짐을 지는 것인데

그렇다

리더는 본을 보이는 것이다
리더는 감동을 주는 것이다
리더는 끊임없이 묻고 대답하는 것이다

주후 2017년 9월 17일

변화(變化)

변화는
성장이다
새로움이다
거듭남이다

성도는
성품이 변해야 한다
가치가 변해야 한다
삶이 변해야 한다

당신은

성숙한 그리스도인인가?

거듭났는가?

행복한가?

"너희는 이 세대를 본받지 말고 오직 마음을 새롭게 함으로
변화를 받아 하나님의 선하시고 기뻐하시고
온전하신 뜻이 무엇인지 분별하도록 하라"(롬12:2)

2018년 2월 28일 새벽기도 후

'틀'(frame)

틀은

근본이며 원리다
쏠트라인(salt line)이다
울타리다
안전지대다

틀을 인정하라

한국 최초 성경 전래지 기념관 성전에서

나무가 틀(흙)을 벗어나면 죽는다
고기가 틀(물)을 떠나면 죽는다
기차가 틀(선로)을 이탈하면 죽음이다
나실인은 틀 안에서만 자유가 있다
틀을 깨라

병아리처럼 자아의 틀을 깨야 행복하다
고정관념의 틀을 깨야 자신이 보인다
아집의 틀을 깨야 사랑받는다
구속의 틀을 깨야 즐길 수 있다

"나는 포도나무요 너희는 가지라 그가 내 안에 내가 그 안에 거
하면 사람이 열매를 많이 맺나니 나를 떠나서는 너희가 아무
것도 할 수 없음이라"[요한복음 15:5]

주후2018년 3월 9일

"가출이 아니고 출가했다"는 국악소녀 송 소희이야기 듣고

흔적(trace)

흔적은

자국이다
자취이다
행적이다
고통 없는 흔적은 없다
그리스도인은 예수의 흔적을 가진 자다

흔적은

상처이다
아픔이다
고통이다
까닭 없는 상처는 없다
그리스도인은 상처를 싸매 주는 자다

"이 후로는 누구든지 나를 괴롭게 하지 말라
내가 내 몸에 예수의 흔적을 지니고 있노"(갈6:17)

주후 2018년 3월 22일 새벽

비전대학교 제6회 졸업생을 위한 기도

Cahpter **03**
설교 모음

설립 40년 주년 아니 다음 세대를 위한 교육 모음

성경 : 사도행전 6:1-7

제목 : 일꾼을 세운 이유

서론〉 예수님처럼 사는 것은 일꾼으로 사는 것이다.

"17 예수께서 그들에게 이르시되 내 아버지께서 이제까지 일하시니 나도 일한다 하시매 18 유대인들이 이로 말미암아 더욱 예수를 죽이고자 하니 이는 안식일을 범할 뿐만 아니라 하나님을 자기의 친 아버지라 하여 자기를 하나님과 동등으로 삼으심이러라"(요한복음5:17~18)

"우리가 너희와 함께 있을 때에도 너희에게 명하기를 누구든지 일하기 싫어하거든 먹지도 말게 하라"(데살로니가후서3:10)

왜 초대교회가 일꾼을 세웠는가?

1) 부흥하고 싶어서다. 그러므로 일꾼은 부흥사가 되어

야 한다.

　2) 문제를 해결하기 위해서다. 그러므로 일꾼은 해결사
가 되어야 한다.

2. 좋은 일꾼은 어떤 이름들을 가져야 하는가?

　1) 보호자(保護者)

　2) 동역자(同域者)

　3) 어머니(母)

　(롬16:1-4 13) "1 내가 겐그레아 교회의 일꾼으로 있는
우리 자매 뵈뵈를 너희에게 추천하노니 2 너희는 주 안에
서 성도들의 합당한 예절로 그를 영접하고 무엇이든지 그
에게 소용되는 바를 도와줄지니 이는 그가 여러 사람과 나
의 보호자가 되었음이라 3 너희는 그리스도 예수 안에서
나의 동역 자들인 브리스가와 아굴라에게 문안하라 4 그
들은 내 목숨을 위하여 자기들의 목까지도 내놓았나니 나
뿐 아니라 이방인의 모든 교회도 그들에게 감사하느니라

13 주 안에서 택하심을 입은 루포와 그의 어머니에게 문
안하라 그의 어머니는 곧 내 어머니니라 ”

3. 일꾼이 된 이유?

  1) 하나님의 말씀을 이루기 위함이다(골1:25)

  "내가 교회의 일꾼 된 것은 하나님이 너희를 위하여 내
게 주신 직분을 따라 하나님의 말씀을 이루려 함이니라"

  2) 헌신하기 위함이다(딤후 2:15)

  "너는 진리의 말씀을 옳게 분별하며 부끄러울 것이 없는
일꾼으로 인정된 자로 자신을 하나님 앞에 드리기를 힘쓰
라"

  3) 하나님의 영광을 위함이다(고전10:31)

  "31 그런즉 너희가 먹든지 마시든지 무엇을 하든지 다
하나님의 영광을 위하여 하라"

3. 칭찬받는 일꾼?

1) 많은 사람들을 구원 받게 해야 한다(고전10:32-33)

"32 유대인에게나 헬라인에게나 하나님의 교회에나 거치는 자가 되지 말고 33 나와 같이 모든 일에 모든 사람을 기쁘게 하여 자신의 유익을 구하지 아니하고 많은 사람의 유익을 구하여 그들로 구원을 받게 하라"

2) 복음이 전파될 때 기뻐해야 한다(빌1:18)

"그러면 무엇이냐 겉치레로 하나 참으로 하나 무슨 방도로 하든지 전파되는 것은 그리스도니 이로써 나는 기뻐하고 또한 기뻐하리라"

3) 마땅히 자기 몫을 감당해야 한다(고전 4:1-2)

"1 사람이 마땅히 우리를 그리스도의 일꾼이요 하나님의 비밀을 맡은 자로 여길지어다 2 그리고 맡은 자들에게 구할 것은 충성이니라."

4) 주장하지 않고 본이 되어야 한다.(벧전 5:3)

"맡은 자들에게 주장하는 자세를 하지 말고 양 무리의 본이 되라"

5) 원리(原理)를 알고 일해야 한다(대하32:27-31)

"27 히스기야가 부와 영광이 지극한지라 이에 은금과 보석과 향품과 방패와 온갖 보배로운 그릇들을 위하여 창고를 세우며 28 곡식과 새 포도주와 기름의 산물을 위하여 창고를 세우며 온갖 짐승의 외양간을 세우며 양 떼의 우리를 갖추며 29 양 떼와 많은 소 떼를 위하여 성읍들을 세웠으니 이는 하나님이 그에게 재산을 심히 많이 주셨음이며 30 이 히스기야가 또 기혼의 윗샘물을 막아 그 아래로부터 다윗 성 서쪽으로 곧게 끌어들였으니 히스기야가 그의 모든 일에 형통하였더라 31 그러나 바벨론 방백들이 히스기야에게 사신을 보내어 그 땅에서 나타난 이적을 물을 때에 하나님이 히스기야를 떠나시고 그의 심중에 있는 것을 다 알고자 하사 시험하셨더라"

왕하 18:3-8 "3 히스기야가 그의 조상 다윗의 모든 행위와 같이 여호와께서 보시기에 정직하게 행하여 4 그가 여러 산당들을 제거하며 주상을 깨뜨리며 아세라 목상을 찍으며 모세가 만들었던 놋뱀을 이스라엘 자손이 이때까지 향하여 분향하므로 그것을 부수고 1)느후스단이라 일컬었더라 5 히스기야가 이스라엘 하나님 여호와를 의지하였는데 그의 전후 유다 여러 왕 중에 그러한 자가 없었으니 6 곧 그가 여호와께 연합하여 그에게서 떠나지 아니하고 여호와께서 모세에게 명령하신 계명을 지켰더라 7 여호와께서 그와 함께 하시매 그가 어디로 가든지 형통하였더라 저가 앗수르 왕을 배반하고 섬기지 아니하였고 8 그가 블레셋 사람들을 쳐서 가사와 그 사방에 이르고 망대에서부터 견고한 성까지 이르렀더라"

6) 헌신 할 때 시험 들지 않게 해야 한다(막14:4-6 요 12:1-8)

"4 어떤 사람들이 화를 내어 서로 말하되 어찌하여 이 향유를 허비하는가 5 이 향유를 삼백 데나리온 이상에 팔

아 가난한 자들에게 줄 수 있었겠도다 하며 그 여자를 책
망하는지라 6 예수께서 이르시되 가만 두라 너희가 어찌하
여 그를 괴롭게 하느냐 그가 내게 좋은 일을 하였느니라"

결론) 직분을 주신 이유가 있다.

1)유익하게 하기 위하여 주셨다(고전12:5-7)

"5 직분은 여러 가지나 주는 같으며 6 또 사역은 여러
가지나 모든 것을 모든 사람 가운데서 이루시는 하나님은
같으니 7 각 사람에게 성령을 나타내심은 유익하게 하려
하심이라"

2) 선배들의 교훈도 참고하자.

"교육 받은 자와 교육 받지 못한 자의 차이는 산 자와
죽은 자와 같다"(아리스토텔레스)

"내가 대통령이 된 것은 하나님의 일을 더 잘하기 위함
이었습니다. 대통령은 '임시직'이지만 교사직은 '평생직'입
니다"(미국39대 대통령 지미 카터).

기업과 가정 심방설교

성경 아모스 9:11-15

제목 여호와의 일을 행하는 가정과 기업.

서론〉 여호와의 일하심을 경험합시다.

(전 3:14) "하나님께서 행하시는 모든 것은 영원히 있을 것이라 그 위에 더 할 수도 없고 그것에서 덜 할 수도 없 나니 하나님이 이같이 행하심은 사람들이 그의 앞에서 경 외하게 하려 하심인 줄을 내가 알았도다"

(삼상12:16) "너희는 이제 가만히 서서 여호와께서 너 희 목전에서 행하시는 이 큰 일을 보라"

(출14:13) "모세가 백성에게 이르되 너희는 두려워 말고 가만히 서서 여호와께서 오늘날 너희를 위하여 행하시는 구원을 보라 너희가 오늘 본 애굽 사람을 또 다시는 영원 히 보지 못하리라"

1. 여호와는 일을 행하신다(11-12)

1) 무너진 장막을 일으키신다(11상).

2) 틈을 막아 옛적과 같이 세우신다(11하).

3) 만국을 기업으로 얻게 하신다(12).

4) '이으며' 즉 지속하게 하신다(13)

5) 회복시켜 수고의 떡을 먹게 하신다(14)

6) 더 이상 뽑히지 않게 하신다(15)

2. 증거가 있다(행13:22-23)

"22 폐하시고 다윗을 왕으로 세우시고 증언하여 이르시되 내가 이새의 아들 다윗을 만나니 내 마음에 맞는 사람이라 내 뜻을 다 이루리라 하시더니 23 하나님이 약속하신 대로 이 사람의 후손에서 이스라엘을 위하여 구주를 세우셨으니 곧 예수라"

결론〉 다윗처럼 신앙생활 합시다.

(삼하6:20-22) "20 다윗이 자기의 가족에게 축복하러 돌아오매 사울의 딸 미갈이 나와서 다윗을 맞으며 이르되 이스라엘 왕이 오늘 어떻게 영화로우신지 방탕한 자가 염치없이 자기의 몸을 드러내는 것처럼 오늘 그의 신복의 계집종의 눈앞에서 몸을 드러내셨도다 하니 21 다윗이 미갈에게 이르되 이는 여호와 앞에서 한 것이니라 그가 네 아버지와 그의 온 집을 버리시고 나를 택하사 나를 여호와의 백성 이스라엘의 주권자로 삼으셨으니 내가 여호와 앞에서 뛰놀리라 22 내가 이보다 더 낮아져서 스스로 천하게 보일지라도 네가 말한바 계집종에게는 내가 높임을 받으리라 한지라"

삼하9:7 "다윗이 그에게 이르되 무서워하지 말라 내가 반드시 네 아버지 요나단으로 말미암아 네게 은총을 베풀리라 내가 네 할아버지 사울의 모든 밭을 다 네게 도로 주겠고 또 너는 항상 내 상에서 떡을 먹을지니라"

아모스 9:11-15 "11 그 날에 내가 다윗의 무너진 장막을 일으키고 그것들의 틈을 막으며 그 허물어진 것을 일으켜서 옛적과 같이 세우고 12 그들이 에돔의 남은 자와 내 이름으로 일컫는 만국을 기업으로 얻게 하리라 이 일을 행하시는 여호와의 말씀이니라 13 여호와의 말씀이니라 보라 날이 이를지라 그 때에 파종하는 자가 곡식 추수하는 자의 뒤를 이으며 포도를 밟는 자가 씨 뿌리는 자의 뒤를 이으며 산들은 단 포도주를 흘리며 작은 산들은 녹으리라 14 내가 내 백성 이스라엘이 사로잡힌 것을 돌이키리니 그들이 황폐한 성읍을 건축하여 거주하며 포도원들을 가꾸고 그 포도주를 마시며 과원들을 만들고 그 열매를 먹으리라 15내가 그들을 그들의 땅에 심으리니 그들이 내가 준 땅에서 다시 뽑히지 아니하리라 네 하나님 여호와의 말씀이니라"

예식 설교 모음

祝結婚

성경: 골로새서 2장 6~7절

제목: 뿌리 그리고 열매

양가 부모님 서약

신랑 측 : 하나님께서 만세 전에 ㅇ ㅇㅇ양을 며느리로 정해 주신 줄 믿고 기쁨으로 하나님과 여러 증인들 앞에서 이 결혼을 허락하십니까?

신부 측 : 하나님께서 만세 전에 ㅇ ㅇㅇ군을 사위로 정해 주신 줄 믿고 기쁨으로 하나님과 여러 증인들 앞에서 이 결혼을 허락하십니까?

본분을 중요하게 여기라.

전 12:13 "일의 결국을 다 들었으니 하나님을 경외하고 그의 명령들을 지킬 지어다 이것이 모든 사람의 본분이니라"

엡6:1-3 "1 자녀들아 주 안에서 너희 부모에게 순종하라 이것이 옳으니라 2 네 아버지와 어머니를 공경하라 이것은 약속이 있는 첫 계명이니 3 이로써 네가 잘되고 땅에서 장수하리라"

지금 필요한 사람. 지금 배우고 깨달아 실천하는 사람.

그러면서 ○○은 ○○를 축복하고 ○○는 ○○을 되게 하라.

창 24:60 "리브가에게 축복하여 이르되 우리 누이여 너는 천만인의 어머니가 될지어다 네 씨로 그 원수의 성 문을 얻게 할 지어다"

딤전 6:18 "선을 행하고 선한 사업을 많이 하고 나누어 주기를 좋아하며 너그러운 자가 되게 하라"

친구들과 후배들에게 결혼하고 싶은 마음을 갖게 하라.

서로 다른 것을 인정하고 함께하세요 서로 감동을 주세요. 그래서 고백하세요.

고맙소. 미안해요. 진정으로 나는 복을 받았다.

결론〉 뿌리의 원리를 교훈으로 삼아 보세요.

뿌리는 버팀목이다. 뿌리는 가뭄을 견디게 하는 우물이다.

뿌리는 수분을 탐지하는 손이다. 뿌리는 양분과 수분을 먹는 입이다.

뿌리는 양분을 저장하는 창고이다. 뿌리는 노폐물을 배설하는 하수구이다.

뿌리는 꽃과 열매로 말한다.

"그러므로 너희가 그리스도 예수를 주로 받았으니 그 안에서 행하되 그 안에 뿌리를 박으며 세움을 받아 교훈을 받은 대로 믿음에 굳게 서서 감사함을 넘치게 하라"

(골로새서 2장6~7절)

주후 0000년0월00일

주례: 염창중앙교회 담임목사 김원선

祝結婚

성경: 고린도후서 4장 7절

제목: 귀히 쓰임 받는 그릇

양가 부모님 서약

신랑 측 : 하나님께서 만세 전에 ㅇㅇㅇ양을 며느리로 정해 주신 줄 믿고 기쁨으로 하나님과 여러 증인들 앞에서 이 결혼을 허락하십니까?

신부 측 : 하나님께서 만세 전에 ㅇ ㅇㅇ군을 사위로 정해 주신 줄 믿고 기쁨으로 하나님과 여러 증인들 앞에서 이 결혼을 허락하십니까?

서론: 옷은 몸에 맞아야 하듯이 행복한 부부는 같은 생각 같은 마음 같은 사명을 가지고 한 몸을 이루라는 주님 말씀을 실천하여야 합니다. 그러므로 천국같은 가정을 이루기 위하여 오늘부터 거울을 보면서 자신의 내면을 보세

요. 나침반(羅針盤)을 보면서 자신의 위치와 목적을 확인해 보세요. 톱니바퀴를 보면서 조화의 필요성을 인정하세요.

1. 가장 행복한 부부는 하나님이 지켜 주셔야 합니다(시127:1).

"여호와께서 집을 세우지 아니하시면 세우는 자의 수고가 헛되며 여호와께서 성을 지키지 아니하시면 파수꾼의 깨어 있음이 헛되도다"

2. 가장 행복한 부부는 기도가 막히지 않아야 합니다(벧전3:7).

"남편 된 자들아 이와 같이 지식을 따라 너희 아내와 동거하고 저는 더 연약한 그릇이요 또 생명의 은혜를 유업으로 함께 받을 자로 알아 귀히 여기라 이는 너희 기도가 막히지 아니하게 하려 함이라"

결론: 그릇의 원리를 교훈으로 삼아 보세요.

큰 집에는 금 그릇과 은그릇뿐만 아니라 나무 그릇과 질그릇도 있어 귀하게 쓰는 것도 있고 천하게 쓰는 것도 있다. 깨끗하게 닦여져 있는 그릇은 쓰임 받는다. 귀한 것으로 채워져 있는 그릇은 사랑 받는다. 선한 일을 위해 쓰임받는 그릇은 보호를 받는다. 복을 받게 하는 사람은 큰 그릇이다. 용서하고 사랑하는 사람은 큰 그릇이다. 질그릇임을 알고 겸손하게 일하는 사람은 큰 그릇이다.

"큰 집에는 금 그릇과 은 그릇뿐 아니라 나무 그릇과 질그릇도 있어 귀하게 쓰는 것도 있고 천하게 쓰는 것도 있나니 그러므로 누구든지 이런 것에서 자기를 깨끗하게 하면 귀히 쓰는 그릇이 되어 거룩하고 주인의 쓰심에 합당하며 모든 선한 일에 준비함이 되리라"[딤후2:20~21]

주후 0000년0월00일

주례: 염창중앙교회 담임목사 김원선

Cahpter **04**

선교 현황

1. 해외선교 현황

NO	선 교 사	선 교 지	지원기간
1	윤 범 의 김 원 옥	필리핀 DVC 대학	10년
2	이 철 우	말레이지아	9년
3	상 영 규	필리핀 다바오	7년
4	신 기 대	필리핀 다바오	7년
5	장 향 숙	중 국	13년
6	주 병 숙	브 라 질	4년
7	김 경 택	과테말라	4년
8	인필선교회		10년

1) 다바오 비전대학교

(1) 다바오 비전대학교(약칭DVC) 소개

염창중앙교회에서 필리핀 선교 목적으로 2009년 6월 준공하여 필리핀 민다나오 다바오시티 까타그란데 지역에 신학과 초등교육학과 중등교육학과 컴퓨터학과 단과대학을 정식인가 받아서 6회 졸업생을 배출하고 현재 530명 재학생이 수업하고 있는 정규대학이다. DVC건립 목적은 연세대학교와 같은 미션스쿨로 현지인을 양성하여 현지에 복음을 전하는 목적을 가지고 있다. 신학과 학생은 전액 장학금과 기숙사 및 식비 전액 무료로 운영되고 있으며 매일 새벽4시30분 새벽기도를 시작하고 목회자로 양성된 신학생을 통하여 선교사로 파송하며 교회를 개척하여 현재 민다나오 지역에 4개 교회를 건립하여 복음을 전하고 있다.

(2) 시설

강의실, 실험실, 교수실, 도서실, 컴퓨터 실습실, 양호실, 체육관, 기숙사, 식당, 홈스테이(외부 단기선교 및 언어 연수 시 사용)

컴퓨터실

도서실

강의실

체육관

DVC졸업식

홈스테이 강의실(3층)

홈스테이 식당(2층)

홈스테이숙소

(3) 지역소개

필리핀 남부지역 민다나오섬 남단 다바오시 민다나오 전체 크기가 남한에 2/3정도로 큰 지역이며 다바오는 필리핀 제2도시로 현 두테르테 대통령 고향으로 마닐라보다 치안이 안전한 곳이다. 차로 6시간 이상 북쪽으로 이동해야 무슬림 반군지역을 만날 수 있어서 DVC지역은 안전하게 활동할 수 있다.

DVC는 다바오시티 외곽에 소재하고 있으며 단기선교나 현지교회 방문시 1시간 이내의 빠나칸 교회, 1시간 30분 이상 소요되는 따꿈교회, 빠닥교회, 샛별교회 등이 있으며 무슬림바자오 종족 마을이 1시간 이내 지역에 분포되어 있다.

(4) 다바오 비전대학교 구성

이사장: 김원선 목사
총 장: Rev. Illuminado D. Macahig Jr(필리핀)
이 사: 김경환 선교위원장
사무총장: 윤범의 선교사

2) 인필선교회

　염창중앙교회는 인필선교회를 통해 인도네시아 및 필리핀 선교를 감당하고 있다. 필리핀의 다바오 비전대학을 통한 선교사역과 함께 인도네시아 현지인 선교사 10명을 비롯한 22명 정도의 선교사들을 지속적으로 후원하고 있고 이를 통해 현지 복음화를 이루는 데 큰 기여를 하고 있다.

2. 국내선교 현황

1) 군 선교 (9166부대)

충정교회 발차취

염창중앙교회는 1978년 개척 2년 후 서울 근교에 있는 9166(충정)부대에서 군 선교 사역을 시작하였다. 1985년 9166(충정)부대 내에 교회당을 지었고 2차 리모델링에 이어 2012년에는 300명을 수용하는

1992년 5월 충정교회 헌당 건물

교회당을 다시 세우고 군선교사 이재경 목사를 파송하여
지금까지 군 선교를 감당하고 있다.

2012년 부활절예배 후 기념

2015년 염창중앙교회 위문예배

2) 농어촌 및 미자립 교회 선교

국내 미자립 교회를 대상으로 각 남녀 전도회 및 청년부가 결연을 맺어 선교하고 있다. 국내의 약 23개 교회를 후원하고 있으며 결연이 된 기관은 단지 선교비만 후원하는 것이 아니라 직접 선교지를 방문하여 현장을 품고 기도하고 있다.

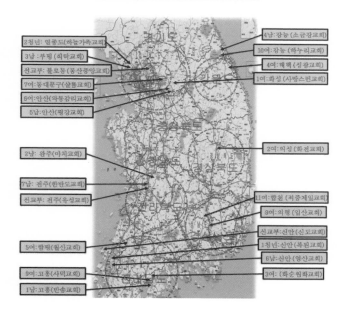

국내 선교 위치도

2청년: 영종도(하늘가족교회)
3남 : 부평 (희락교회)
선교부: 불로동(동산중앙교회)
7여:동대문구(살롬교회)
8여:안산(와동감리교회)
5남:안산(평강교회)

4남:강능 (소금강교회)
10여:강능 (하누리교회)
4여:해백 (성광교회)
1여:화성 (사랑스런교회)

2남: 완주(마치교회)

7남: 전주(한반도교회)
선교부: 전주(유성교회)

2여:의성 (화전교회)

11여:합천 (처중제일교회)
8여:의령 (입산교회)
선교부:신안 (신도교회)
1청년: 신안(복된교회)
6남:신안 (영산교회)
3여: (화순 원화교회)

5여: 함평 (월산교회)

9여:고흥(사덕교회)
1남:고흥(반송교회)

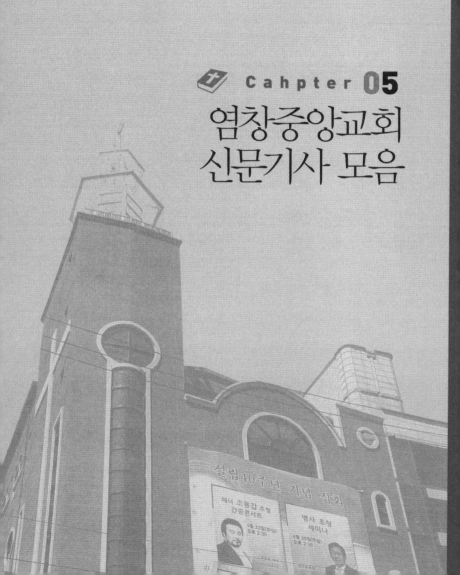

Cahpter **05**

염창중앙교회
신문기사 모음

"이웃과 함께 사랑을 실천하는 교회"

염창중앙교회 김원선 목사

염창중앙교회(위임목사 김원선)는 서울시 강서구 염창동 500평 대지 위에 건축된 지하3층 지상 5층의 아담한 교회로 12명의 당 회원과 350여 명의 제직이 섬기고 있으며 주일 예배 700여 명 주일학교 500여 명이 함께 예배하며 36년을 성장하고 있는 교회다.

역사하심이 있는 교회

염창동이 하나님께서 허락하신 선교의 터라고 여기며 이곳을 떠나지 말자는 뜻에서 염창중앙교회라고 이름을 정했다. 그러나 잠시 교회의 성장을 위해서 가양동에 교회를 건축하려 했지만 헌금을 모두 잃어버리는 어려움을 겪었다.

그러나 이런 일을 기회로 삼은 성도들은 온 힘을 다해서

"이웃과 함께 사랑을 실천하는 교회"

염창중앙교회 김원선 목사

제1157호
강서양천신문
2014년 11월 24일 ~ 11월 30일

강서양천신문 (제1157호 2014년 11월24~11월30일)

김원선 목사를 신임하고 현재의 땅을 매입할 수 있었다.

당시 구입한 땅에는 80평의 고압철주가 포함되어 있었으나 계약 후 2주 만에 그 철주를 철거한다는 한전의 통보를 받았다. 지금도 교인들은 하나같이 '정말 하나님의 은혜였다'라고 고백한다. 교회 바로 앞에 아파트가 건축되면서 당시 지하였던 예배당으로 물이 흘러들었는데 이것을 기회로 여기고 교회를 건축하기로 하였다. 그 후로 이 지역이 하나 둘씩 고층 아파트로 재건축이 진행되면서 교회 성장이 앞당겨졌다.

이웃과 함께 하는 교회

교회 주변으로 최근 고층 아파트가 들어서면서 갑자기 늘어난 인구 때문에 조금 멀어지기는 했지만 이 지역에서 김 목사는 부지런하신 분 다정하신 분 사랑이 많으신 분으로 인정을 받았다.

교인들을 심방하며 부지런히 뛰어다니는 모습 누구든지 항상 웃으면서 인사를 하는 모습 교인의 문제를 해결하느라 작업복 차림으로 동분서주하시며 어려운 사람을 돌보는 모습을 동네 사람들이 인정을 했던 것이다. 매년 여전도회 주최로 바자회가 열리는데 이 날은 동네잔치와 같은 분위기가 형성된다.

이때마다 김 목사는 많이 남기는 것보다 즐겁게 그리고 교회를 한 번이라도 들어오도록 하는 것이 중요하다고 늘 강조한다고 한다. 동네의 쓰레기들을 수거하는 교인들의 모습에 지역주민들은 조용한 신뢰의 박수를 보낸다.

토요일에 새벽기도회를 하는 곳이 없다보니 금요기도회를 갈 수 없는 사람이 예배드릴 곳이 없으며 주일에 본 교회를 갈 상황이 되지 않는 사람이 일찍 드리는 예배라도 참석해 하나님 앞에 주일을 범하지 않도록 돕는 것이 목적이라고 설명하면서 "말씀을 통해서 은혜를 나눌 수 있다면 그저 감사할 뿐"이라고 말했다.

뿐만 아니라 이 교회는 사무실과 사택을 제외하고는 24시간 문을 열어놓고 있다. 시험 때가 되면 청소년들이 삼삼오오 짝을 지어 공부한다고 한다. "교회는 기도하고 찬양하고 싶은 사람이 언제나 드나들 수 있는 곳이어야 합니다."

군 선교에 깊은 애정

염창중앙교회 또 하나의 특징은 교회 관리인이 없다는

것이다. 교인들이 빗자루를 한 번 들고 전등 스위치를 한 번 끌 때 즉 관리인이 할 일을 교인 스스로 조금씩 감당할 때 선교헌금을 하는 것과 같다는 주장이다. 그러나 가장 많은 일을 하고 신경을 써야할 사람은 바로 담임 목사가 아닐까. 그렇게 아껴서 염창중앙교회가 감당하는 일은 무엇인가?

김 목사는 특별하게 군 선교에 사명을 가진 목회자다. 경기도 김포의 '충정교회'. 이 교회는 염창중앙교회에서 개척하고 지금까지 섬기고 있는 군인교회다. 2년이면 거의 모든 사람이 바뀌고 성장의 기쁨보다는 끊임없이 투자만 해야 하는 곳 때로는 군인들조차 달갑게 여기지 않는 사역이지만 그의 특별한 사명의식으로 감당하고 있다. 주일저녁 모든 예배가 끝나면 피곤하기도 하고 쉬고 싶은 시간이기도 하지만 그는 성경책을 들고 충정교회로 달려간다.

현지 지도자양성 필리핀 다바오비전대학

염창중앙교회와 김원선 목사는 동남아 선교를 위해 3년

여 동안 준비한 끝에 현지인 지도자 양성이 효과적이라는 결론을 내리고 필리핀 민다나오섬 다바오시에 다바오비전대학을 2009년에 설립했다. 신학과 교육학과 정보통신학과 3개학과다. 학교의 설립에는 염창중앙교회와 김원선 목사의 눈물겨운 정성이 있었다. 부지 구입과 강의동 기숙사 게스트하우스 건설 등에 수십 억원 들었고 초창기에는 장학금과 운영비로만 매달 1천여만 원이 들었다. 부촌이라고 할 수 없는 강서구 염창동 지역교회가 감당하기에는 벅찬 일이었다. 어려움 가운데서도 염창중앙교회는 눈물을 뿌리고 수고를 심었다. 이후 이들이 졸업 후 임용고시 후 교사로 대부분 합격하는 영광을 누렸다. 교회는 이들을 통해 필리핀 선교와 동남아 선교를 꿈꾸고 있다.

이번 3회를 졸업하는 총장과 8명의 학생이 지난 16일 교회의 초청으로 한국을 방문했다. 이들은 1주일간 양화진 선교묘역 국립중앙박물관 숭실대기독박물관등의 방문을 통해 한국 문화를 체험했다.

노후는 교회가 보장

앞으로 염창중앙교회의 비전은 실버타운 건설이다.

김 목사는 이 일을 위해서 사회복지학 석사학위를 취득했다. 그의 논문 제목은 '21세기 교회성장 전략에 관한 연구(노인복지를 중심으로)'였다. 그는 노인복지를 생각하게 된 동기를 다음과 같이 설명했다.

"미국에서 박사과정 중에 미국 국민들이 세금을 당연하게 내는 것을 보면서 참 우리와는 다르구나 라고 생각했습니다. 나름대로 이유를 생각해 보았는데 미국 국민은 열심히 낸 세금으로 노후를 보장받고 있으니 세금을 내는 것을 당연하게 여긴다고 생각했습니다."

그런데 한국교회 성도는 미국교회 성도들보다 헌금을 많이 하고 있으나 국가에서 책임져주지 못하는 노후 생활을 교회가 보장해 주면 어떨까? 그 방법은 무엇인가 라는 고민을 하게 됐다고. 평생을 몸 바쳐 헌신하고 온 마음으로 교회를 섬겨온 그들을 이제 교회가 책임지는 것이 은혜를 입은 교회의 사명이라고 김 목사는 강조한다.

좋은 목회자에 좋은 교인들이기에 염창중앙교회는 행복한 교회이다. 속을 알고 언제든지 넉넉하게 품어주는 사랑이 넘치고 인자한 목사가 있고 그 목사를 중심으로 온 교인들이 똘똘 뭉쳐있기 때문이다. 김 목사는 복음에 있어서 타협이 없다. 그러나 그 나머지에 대해서는 언제나 열려있는 마음이다. 그래서 응석받이 유아로부터 구순의 할머니 할아버지까지도 선뜻 김 목사에게 스스럼없이 다가간다.

과거는 풍성했고 현재는 따뜻하고 미래는 능력이 있는 교회로 성장할 수 있으리라 생각된다. 김 목사의 서재에 걸려있는 2014년 표어에는 '남아 있는 그루터기가 되자'라는 글귀가 있었는데 그 기도처럼 하나님을 감동시키고 이웃을 감동시키고 자신을 감동시킬 수 있는 그리고 지역에서 쓰임 받음에 감사할 줄 아는 이들이 바로 염창중앙교회 김원선 목사라는 생각이 들었다.

박찬호기자(gsycky@hanmail.net)

"염창중앙교회 군선교 열정 크다"

김원선 목사 군복음화 비전에 단합된 힘 보여

장병 위한 충정교회 건축 체계적 양육에 진력

6월 말 용인 3군사령부 연병장에서 뜻 깊은 열병식이 열렸다. 3군사령부가 창설 43주년을 맞아 군 발전에 도움을 준 단체장 십여 명을 초청해 감사를 표하는 자리였다. 오픈카를 타고 열병을 하는 이들 중 염창중앙교회 김원선 목사도 있었다. 거수경례를 하는 장병들을 바라보는 김 목사의 얼굴에는 여느 때와 마찬가지로 푸근한 미소가 흘렀다.

"지금도 군인들을 보면 참 좋아요. 차를 타고 가다가 군인들을 보면 차 안에 있는 음료수를 꺼내주곤 해요. 그러면서 '나 군선교사야'라고 하죠."

김 목사가 군 선교와 인연을 맺은 것은 1980년. 염창중앙교회를 개척하고 2년쯤 지났을 때였다. 우연히 서울 근교에 새로 생긴 대대급 부대에서 부탁을 받고 세례식을 거

한국교회대표언론 **기독신문**

HOME   목회

염창중앙교회 군선교 열정 크다

조훈명 기자   승인 2016.07.04 09:22   호수 2064

**사령부 창설 제43주년 기념 및
보훈·안보단체 초청행사**
2016. 6. 30. (목)

▲ 염창중앙교회 김원선 목사(오른쪽에서 두 번째)가 3군사령부 창설 43주년 기념식에 참석하고 있다.

김원선 목사 군복음화 비전에 단합된 힘 보여
장병 위한 충정교회 건축, 체계적 양육에 진력

6월 말 용인 3군사령부 연병장에서 뜻 깊은 열병식이 열렸다. 3군사령부가 창설 43주년을 맞아 군 발전에 도움을 준 단체장 십여 명을 초청해 감사를 표하는 자리였다. 오픈카를 타고 열병을 하는 이들 중 염창중앙교회 김원선 목사도 있었다. 거수경례를 하는 장병들을 바라보는 김 목사의 얼굴에는 여느 때와 마찬가지로 푸근한 미소가 흘렀다.

"지금도 군인을 보면 참 좋아요. 차를 타고 가다가 군인들을 보면 차 안에 있는 음료수를 꺼내주곤 해요. 그러면서 '나 군선교사야' 그러죠."

기독신문 (제2064호 2016년 7월5일)

행했는데 그날 이후 예배당도 교역자도 없이 영적으로 메말라가는 장병들이 자꾸만 눈에 어른거렸다.

"수요일마다 부대를 찾아갔어요. 예배당이 없으니까 부대 식당에 장병들을 모아놓고 예배를 드리고 이름도 충정교회라 지었어요. 가난한 개척교회 시절이라 버스 토큰 하나 구하기가 어려워 부대까지 땀을 뻘뻘 흘리며 걸어가기도 여러 번이었어요."

어려움도 많았지만 가장 큰 고비는 염창중앙교회 교인들이 마음을 몰라줄 때였다. 작은 개척교회 목사가 군 선교에 그렇게 열심을 내니 교인들 입장에서는 충정교회에 담임목사를 빼앗긴 기분이 들 법도 했다. 마침내는 "목사님은 충정교회 목사입니까? 염창중앙교회 목사입니까?"라는 질문이 나왔다. 일주일 동안 기도 시간을 가진 후 김 목사는 담담히 입을 열었다.

"염창중앙교회는 사례비가 나오기 때문에 후임자를 모실 수 있을 겁니다. 그러나 충정교회는 사례비가 없어 가려는 사람이 없을 겁니다. 굳이 선택을 하라면 나는 충정교회를 택하겠습니다."

교인들이나 김 목사나 다른 뜻이 없었기에 갈등은 확산되지 않았지만 그만큼 군 선교를 향한 김 목사의 마음은 순수하고 뜨거웠다. 그렇게 시간이 흐르면서 어느덧 염창중앙교회 교인들도 하나 둘 군 선교의 필요성을 공감하고 힘을 보태기 시작했다. 나중에는 교회 안에 군선교부를 조직하고 별도 군 선교 예산도 세우게 됐다.

김 목사와 염창중앙교회의 단합된 힘은 수많은 장병들을 복음으로 세워가는 것과 함께 충정교회당 건축으로도 열매가 맺혔다.

1985년 처음으로 교회당을 건축한 후 두 차례 리모델링을 거쳐 2012년 300여 명을 수용하는 아담하고 예쁜 교회당을 세웠다. 2013년 장병들의 휴식 공간인 '충정교회 행복센터'도 세웠다. 2012년 장교 출신인 이재경 목사를 군 선교사로 파송해 충정교회를 담임하게 했다.

푯대를 향해 달음질하듯 김 목사와 염창중앙교회는 그렇게 36년간 쉼 없이 달렸고 하나님께서 우리에게 군 선교를 맡기셨다는 소명감으로 눈물과 수고를 마다하지 않았다.

군 선교에 대한 김 목사의 생각은 예나 지금이나 변함이 없다. 20대 남자 청년들에게 복음을 전하고 제자화 하는 데 군 선교만큼 효과적인 것이 없다는 생각이다.

"선교는 복음을 전해서 하나님의 자녀가 되게 하고 제자가 되게 하고 사역을 하게 하는 것인데 군인교회는 이것들을 한꺼번에 할 수 있는 장소예요."

더불어 김 목사는 군 선교에 관심을 가진 교회들에게 중요한 조언을 보탰다. 한두 번 이벤트성으로 하지 말고 지속적으로 꾸준히 사역을 해야 관계가 만들어지고 제자를 양육할 수 있는 길이 열린다는 조언이다.

"한 달이나 두 달 정도 군 선교하는 것은 누구나 할 수 있어요. 선교비 얼마 주고 위문하는 것도 쉬워요. 그러나 그것이 복음을 전하는 기회는 될지는 몰라도 제자를 만들기는 역 부족이에요. 군 선교는 꾸준히 지속적으로 해야 관계가 만들어지고 제자를 양육하는 길이 열려요."

김 목사는 3군사령부의 감사 인사와 함께 얼마 전 기쁜 일이 하나 더 생겼다. 충정교회는 염창중앙교회의 후원으로 매년 충정교회를 거쳐 간 군종병과 장병들을 대상으로 홈 커밍 데이를 하는데 올해 홈 커밍 데이에 온 제대 장병들이 자발적으로 선교비 후원 이야기를 꺼낸 것이다.

김 목사는 "충정교회가 늘 도움을 받기만 했는데 충정

교회를 거쳐 간 자기들이 선교비를 내서 최소한 자립하는 교회로 만들자고 하더라"며 "얼마나 기특하고 감사했는지 모른다"며 미소 지었다.

조준영 기자 joshua@kidok.com

'복음 무장한 현지 지도자 양성' 꿈꾸며 필리핀 다바오비전대학 설립

3개 학과 첫 졸업생 29명 배출 … 실제 사역까지 연결

단단한 협력 다짐

자동차에서 내려 오토바이를 타고 좁고 험한 산길을 30분 넘게 달려서야 교회당이 보였다. 염창중앙교회(김원선 목사)가 5년 전 헌당한 빠닥(Patag)교회. 초롱초롱한 눈망울을 가진 200여 명의 아이들은 환한 미소로 염창중앙교회 비전트립팀을 맞이했고 때문에 아이들의 손을 잡고 찬양을 부르는 비전트립팀은 너나없이 목소리가 떨렸다. 머리와 입술로 말하는 선교가 아니라 가슴으로 선교를 고백하는 순간이었다.

5년 전 빠닥교회 건축비를 전액 헌금한 김경환 집사는 "교회당을 지어 선교를 도울 수 있어 감사하다"며 "다바오비전대학을 통해 선교 열매가 맺힌 셈"이라고 밝혔다.

한국교회대표언론 **기독신문**

HOME   목회

염창중앙교회 7년 선교열정 열매 맺다

필리핀 다바오=조준영 기자   승인 2013.04.08 09:43   호수 1910

'복음 무장한 현지 지도자 양성' 꿈꾸며 필리핀 다바오비전대학 설립
3개 학과 첫 졸업생 29명 배출 … 실제 사역까지 연결, 단단한 협력 다짐

자동차에서 내려 오토바이를 타고 좁고 험한 산길을 30분 넘게 달려서야 교회당이 보였다. 염창중앙교회(김원선 목사)가 5년 전 현담한 빠닥(Patag)교회. 초롱초롱한 눈망울을 가진 200여 명의 아이들은 환한 미소로 염창중앙교회 비전트립팀을 맞이했고, 때문에 아이들의 손을 잡고 찬양을 부르는 비전트 립팀은 너나없이 목소리가 떨렸다. 머리와 입술로 말하는 선교가 아니라 가슴으로 선교를 고백하는 순간이었다. 5년 전 빠닥교회 건축비를 전액 헌금한 김경환 집사는 "교회당을 지어 선교를 도울 수 있어 감사하다"며 "다바오비전대학을 통해 선교 열매가 맺힌 셈"이라고 밝혔다.

기독신문(제1910호 2013년 4월8일)

  김 집사의 말대로 필리핀 민다나오섬 다바오시에 위치한 다바오비전대학(Davao Vision Colleges:DVC)은 염창중앙교회 선교의 대명사이자 또 다른 선교 열심을 낳는 계기가 됐다.

염창중앙교회가 DVC를 꿈꾼 것은 7년 전. 국제선교단체 사역을 겸하던 김원선 목사는 효과적인 동남아 선교를 위해 복음으로 무장된 현지인 지도자 양성을 꿈꾸었고 성도들의 기도와 동참으로 3년여의 준비 기간을 거쳐 2009년 필리핀 정부로부터 정식 대학교 인가를 얻었다.

7년여 동안 염창중앙교회가 DVC에 쏟아 부은 기도와 열정 헌신은 눈물겨웠다. 부지구입과 강의동 기숙사 게스트하우스 건설 등에 수십 억 원이 들었고 초창기에는 장학금과 운영비로만 매달 1000만원이 들었다. 부촌이라고 할 수 없는 서울 염창동에 위치한 지역교회가 감당하기에는 벅찬 일임에 분명했지만 어려움 가운데서도 염창중앙교회는 꿋꿋이 눈물을 뿌리고 수고를 심었다.

특별히 신학과 학생들에게는 학비와 숙식비 전액을 장학금으로 제공하는데 이 일은 오롯이 염창중앙교회 성도들이 일대 일 결연으로 감당했다. 현재도 매달 450만 원 가량을 장학금으로 지원하고 있다.

지난해 10월에는 견문을 넓히고 비전을 품도록 하기 위해 신학과 졸업반 학생 등 10명을 한국에 초청하기도 했다. 이 일 역시 성도들의 기도와 헌금으로 감당할 수 있었다. 성도들은 홈스테이를 자원하고 놀이공원 티켓을 준비하고 옷을 선물했다. 성도들의 사랑과 헌신은 고스란히 학생들에게 전달됐고 학생들은 선교에 대한 다짐으로 대답을 대신했다.

눈물로 씨를 뿌린지 7년 만에 염창중앙교회는 첫 열매를 얻었다. 신학과와 교육학과 정보통신학과 등 3개 학과에서 29명의 첫 졸업생을 배출한 것이다. 졸업생들을 격려하기 위해 18명의 염창중앙교회 비전트립팀이 4월 1일 다바오를 찾았다. 김원선 목사를 비롯해 DVC를 함께 품고 기도했던 전 · 현직 선교위원장과 후원자들이 함께 했다.

비전트립팀은 4박 5일 동안 다바오에 머물며 2008년 헌당한 샛별기념교회와 빠닥교회를 찾아 아이들에게 빵과 음료수 등을 전하고 현지인 성도들과 교제를 가졌다. 두 곳 다 자동차로 1시간 이상 가고 오토바이로 비포장길을 달려야 하는 등 쉽지 않은 여정이었지만 비전트립팀은 거리낌이 없었다.

선교위원장 정종혁 장로는 "DVC 때문에 교인들이 선교를 실제적으로 느끼고 교회 분위기가 많이 달라졌다"고 귀띔했다. 실제 DVC는 염창중앙교회 성도들이 선교의 열정을 품는 촉매제가 됐다.

김원선 목사는 "자신의 재정을 DVC 발전과 선교를 위해 사용하고 싶다는 성도들이 하나 둘 늘어나고 있다"며 "자신들에게도 복이고 DVC에게도 복이 아니겠나"고 밝혔다.

염창중앙교회는 DVC가 더 아름답고 풍성한 열매를 맺을 수 있도록 더욱 노력한다는 계획이다. 우선 민다나오 섬에 연세대를 세우자는 비전을 좀 더 효과적으로 실천하기 위해 교회를 초월해 'DVC 운영위원회' 조직을 검토하고 있다.

DVC에 심은 비전을 함께 공유하고 협력할 동역자들을 찾아 DVC를 한 층 더 업그레이드 시킨다는 계획인 것이다. 신학과 졸업생들의 사역을 2년여 동안 살펴 교회당을 지어줄 계획도 가지고 있다. 단순히 교육에만 그치는 것이 아니라 교육을 실제적인 선교로 연결시킨다는 생각이다.

계획에 앞서 염창중앙교회가 고백하는 것은 DVC가 염창중앙교회의 일이 아니라 하나님의 일이라는 것이다. 하나님이 세우셨으니 하나님이 책임지셨고 앞으로도 책임지실 것이라는 믿음. 7년 시간이 고스란히 증거인 염창중앙교회의 고백이 새로운 각오로 영글어가고 있다.

"결국 하나님께서 일 하신다"

'동남아에 연세대 설립' 꿈 실천은 큰 감동

김원선 목사는 3일 DVC 졸업식에서 메시지를 전하다 두 번 눈시울을 붉혔다. 한 번은 며칠 전 아버지를 여의고 눈물을 흘리며 졸업식장에 들어오는 그레이스양 이야기를 하면서였고 또 한 번은 염창중앙교회 성도들이 DVC와 학생들을 얼마나 사랑하는지 모른다는 이야기를 하면서였다.

"졸업생들의 4년 전 모습을 생각하고 이제는 늠름하게 자란 모습을 보면서 큰 감동이 됐어요. 또 하나님의 뜻을 따라 순종해 준 염창중앙교회 가족들에게도 한없이 감사했죠."

김 목사에게 '교육을 통한 선교' 비전은 자신의 삶에서 체득한 깨달음이다. 김 목사는 가난한 가정 형편 때문에 자신의 표현대로 한 번도 가고 싶은 학교를 다녀보지 못했고 오직 갈 수 있는 학교만 다녔다. 그러면서 깨달은 것이 한 사람의 훌륭한 지도자가 50명, 100명, 1,000명을 살릴 수 있다는 사실이었다. 한국에 온 선교사들이 세운 연세대학교를 모델로 삼아 필리핀에 동남아를 복음으로 변화시킬 수 있는 교육 베이스캠프를 세우자는 꿈을 꾼 것이다.

7년여를 꿈을 향해 달려오면서 어려움도 많았다. 전 교회가 마음을 모아도 쉽지 않은 일인데 부정적인 시각으로 마음들이 갈라지고 협력이 되지 않는 경우도 있었다. 은퇴 후 노후를 대비하는 것이 아닌가 하는 오해를 받기도 했다.

"제가 영어를 잘했으면 더 오해를 받았을 거예요. 다행인지 몰라도 저는 영어를 잘 못해요."

욕심 없이 묵묵히 DVC에 헌신하는 김 목사의 모습에 하나둘 의심의 눈길은 사라졌다. 그런 어려움과 오해를 겪으면서 김 목사가 깨닫게 된 것은 "자꾸 설득하려 하기

보다 따라올 때까지 본을 보이고 가면 결국 하나님께서 일을 행하신다"는 사실이다.

첫 번째 졸업생을 배출하며 김 목사는 "힘들어도 하나님의 일은 묵묵히 할 때 결국 생각보다 큰 기쁨을 경험할 수 있다는 것을 깨닫게 됐다"고 밝혔다. 1억 원이 넘는 재정이 필요한 강당 건축 등 DVC 발전을 위해 염창중앙교회가 감당해야 할 일은 여전히 녹록치 않다. 이렇다 할 계획이 있는 것도 아니다.

그러나 김 목사의 목소리는 결국 강당은 건축되고 DVC는 나날이 성장할 것이라는 확신으로 가득 차 있다. 하나님께서 일하실 것이라는 믿음의 고백이다.

교인도 학생도 감격의 눈물
DVC 제1회 졸업식

4월 3일 다바오 그랜드멘셍(Grand men seng)호텔에서 열린 DVC 제1회 졸업식은 학교 관계자와 염창중앙교회 비전트립팀 한인 선교사와 교인들 그리고 졸업생과 가족 등 250여 명이 자리를 가득 메운 가운데 시종일관 은혜와 감격 속에 진행됐다.

29명의 졸업생들은 4년 동안 성심껏 자신들을 이끌어준 DVC와 염창중앙교회 가족들에게 깊은 감사를 표했다. 특별히 끊임없이 기도하고 후원해준 염창중앙교회에 대해서는 각별한 감사를 전했다. 신학과를 졸업한 리무엘(Limuel L. Cento)군은 "염창중앙교회의 기도와 지원이 없었다면 오늘의 결과는 없었을 것"이라며 "가르침을 따라 하나님의 복음을 전하는 일꾼으로 살겠다"고 다짐했다.

졸업생들은 찬양과 졸업식 노래 교가 등 총 네 번 노래를 불렀다. 아름다운 화음으로 하나님을 찬양하는 모습은 축하객들에게 은혜를 끼쳤고 졸업생들은 학교를 떠나는 아쉬움과 감사로 눈물을 감추지 못했다.

4년 만에 신앙과 지성을 겸비한 일꾼들로 성장한 졸업생들의 대견한 모습을 보며 염창중앙교회 비전트립팀 또한 감격의 눈물을 흘렸다. 선교를 향한 성도들의 기도와 눈물과 헌신을 하나님께서 얼마나 기뻐하시고 얼마나 큰 열매로 맺힐 수 있는지를 확인하는 순간이었다. 자신이 후원한 그레이스(Leah Grace E. Mangcal)양의 아버지가 며칠 전 소천하고 때문에 졸업식 내내 눈물을 흘린 그레이스양을 보며 자신도 한참 동안 눈물을 흘렸던 최무룡 장로(직전 선교위원장)는 "대형교회도 하나님의 은혜가 아니면 할 수 없는 일을 우리 교회가 감당했다는 것이 감격스러울 따름"이라고 고백했다.

DVC 이사장인 김원선 목사는 졸업식 메시지에서 "4년 전 여러분들이 DVC에 들어온 것은 선택이 아니라 하나님의 사명으로 받은 것"이라며 "졸업 후에도 사명을 감당하는 이 시대의 주인공으로 살아가라"고 졸업생들에게 권면했다. 또 "DVC가 명문대학은 아니지만 하나님이 세우셨기 때문에 특별한 대학이고 DVC의 주인공인 졸업생들 또한 하나님의 뜻을 알기에 특별한 사람들"이라며 "다른 사람보다 갑절 이상 노력하고 하나님을 감동시키는 사람이 되라"고 강조했다.

졸업식에는 지역 정관계 인사와 한국인 선교사 등도 대거 참석해 DVC의 발전을 기원했다. 다바오 부시장과 구청장 등이 축하 인사를 전했으며 필리핀 부통령 수석보좌

관과 다바오 출신의 이자스민 국회의원도 축하메시지를 보냈다. 이외 비전트립팀과 동행한 경일노회장 김재승 목사와 곽성실 목사가 축사를 전했다.

졸업식을 마치고 염창중앙교회는 졸업생들에게 성경을 한 권씩 선물했다. 하나님을 자신의 삶의 주인으로 삼으라는 바람이 담긴 선물로 졸업생들은 염창중앙교회의 기도와 사랑에 다시 한 번 머리를 숙였다.

필리핀 다바오=조준영 기자joshua@kidok.com

뜨거운 소명과

분명한 목회 철학이

39년 목회 결실의 초석

ISSU 김원선 목사 염창중앙교회

목회는 마라톤과 같다고 한다. 장기전이다. 하지만 포스트모더니즘 (탈현대주의)의 영향과 세속주의 의 영향에 의해 단기간에 승부수를 보려는 목회자들 이 속출하고 있다 일부 목회자들이 교인수나 목회 환경에 따라 목양지를 이동하는 경향이 짙다. 신학교에서도 목회가 장기전이어야 한다는 실전 교육도 전무한 실정이다. 이는 교인 수에 따라 목회 성공의 여부가 판가름 나는 세속주의의 영향으로 분석되며 희생과 헌신보다는 자유와 개성에 초점을 맞추는 탈 현대주의의 사상이 침투한 결과로 보이기도 한다 이에 〈크리스천포커스〉는 한국교회와 합동총회 산하의 목회와 교회를 견실히 세우고자 하는 의미에서 [마라톤 목회 견고한 교회의 초석: 영광과 축복이 길] 이라는 특집을 마련했다.

마라톤 목회의 탄탄한 기반 뜨거운 소명감과 분명한 목회 철학

김 목사는 교단 정치나 직책을 맡을 시간이 없다. 주어진 사역들을 일궈내기에 바쁘기 때문이다. 크리스천포커스가 지난 6월 총회 강도사 고시 감독을 위해 방문한 김 목사는 총신대 양지 캠퍼스에서 만났다.

김 목사에게는 39년 목회와 삶에서 다져진 진수가 엿보인다. 마치 뜨거운 가마솥에서 우러난 진한 곰국처럼 목회의 진국이 드러난다. 39년이라는 장기 목회에서 터득한 진수다. 김 목사의 39년 목회의 영광과 축복은 목회 초년생부터 가져온 분명한 목회 철학과 뜨거운 소명감이 그 비결이다. 김 목사는 인터뷰 초반부터 40여 년 전 목회 후보생 때 가졌던 목회 철학을 언급했다

"목회자가 어떤 상황에서 문제가 있다 할지라도 목숨 걸고 한 길을 계속 갈 수 있는 것은 소명에 의한 것이며 그 소명을 위해서는 분명한 증표나 확신이 필요하다고 생각한 다. 원래 목회자가 되겠다는 소명은 일찍 받았지만 자꾸 피해가다가 원래 기도한데로 목회의 길에 들어섰는데

크리스천포커스 (제54호 2017년 7월7일 ~ 7월20일)

그때 기도한 것이 바로 '어떤 어려움이나 문제가 있어도
목숨 걸고 계속 한 길을 가도록 하는 소명감'이었다"

소명을 깨달은 후 '개척 교회나 농촌교회 어촌교회'에서 할 일이 있으면 목사의 길을 가겠다고 생각했다. 그렇기 기도한 것이 열매를 맺어 1976년 인천의 한 섬에 가서 교회를 개척했다. 흔히 섬 지역이나 농어촌으로 가서 일하게 되면 좌천이나 실패 등을 떠올릴 수 있다. 기독교 안에 만연되어 있는 세속주의 탓이다.

하지만 김 목사는 세상 직장을 가진 후 하나님의 부르심에 대한 증거를 찾았다. 그는 결국 개척의 소명을 깨닫고 직장을 버리고 모든 것을 포기한 채 인천 인근에 위치한 영흥도로 들어가 교회를 개척했다. 청년기부터 하나님의 인도하심에 대한 구체적인 체험을 한 셈이었다. 1년 후 서울 에서 문을 닫을 정도로 허물어져가는 교회에 부임하여 교회를 일으켜 세웠다.

그리고 나서 78년 5월에 세 번째 교회를 개척하여 지금까지 39년째 섬기면서 마라톤 목회의 완주를 남겨 두고 있다. 38년의 세월은 짧지 않다. 올해로 39년째니 약 40여 년을 일편단심 목회에 주력해 왔다. 그가 가진 뜨거 운 소명감이 장기 목회의 터전이 된 것이다.

뜨거운 목회 소명으로 개척 설립 한 염창중앙교회의 목

회 철학과 비전은 분명했다. 그는 개척 초기부터 목회의 초점을 국내는 군 선교 해외 선교는 학원 선교에 올인 했다. 개척 후 교회가 자리를 잡자마자 군 인교회인 충정교회를 건축과 리모델링에 재정을 쏟아 부었다. 그 후 37년간 충정교회를 섬기면서 군선교사를 파송하고 방문 예배 훈련 때 위문 특별한 행사 등 을 섬겨왔다.

충정교회는 1981년 8월 당시 군목이셨던 김덕필 목사의 요청에 의해 김 목사가 137명 의 장병들의 세례식을 인도하는 것을 계기로 염창중앙교회와 대대가 자매 결연을 맺었다. 그 후 염창중앙교회의 군 선교 사역이 본격적으로 시작되었다. 1983년 12월 부대가 공항동에서 현 위치인 김포시 통진읍으로 이동했고 교회 명칭도 충정교회로 개명했다.

그러다가 1992년 5월 충정교회 건축을 위한 기공 예배를 드렸고 7월에는 상량 예배 그리고 9월 5일 헌당 예배를 드렸다. 염창중앙교회의 전폭적인 후원으로 이루어진 교회당 건축이었다. 당시 교회당 건축 때는 김 목사 뿐만 아니라 온 교회가 마음을 모았고 심지어 부대장과 장병들이 마음을 모아 직접 벽돌을 쌓는 노력을 보이기도 했다.

그로부터 20년 후 건물이 노화되어 새로운 예배당을 다시 건축하면서 염창중앙교회가 군선교의 측면에서 건축에 앞장서면서 2011년 8월 기공예배를 드렸고, 2012년 11월에 연면적 150여 평과 약3억 2천만 원의 예산으로 성전을 봉헌했다. 또한 2013년 11월에는 충정행복센터를 완공했고 장병들의 쉼을 위해서 (까페식) 교육관을 리모델링 완공하였다.

김 목사는 군 선교가 미래 한국 교회의 인재 양성이라는 비전을 갖고 군인교회 후원에 올인 했다. 군 장병들의 복음화는 "가정을 천국 되게 하고, 사회를 건강하게 하며 세계 복음화의 산실"이라는 확고한 군 선교 비전을 갖고 36년 동안 주력해 왔다. 그 결과 놀라운 결실을 맺었다

군 선교를 통해서 충정교회를 거쳐 간 청년들 중에서 목사 선교사 장로 등이 배출되었고 충정교회 소속 부대장은 전역 후 염창중앙교회 장로로 피선되었다. 몇 년 전부터는 홈 커밍 데이 를 통해서 충정교회를 거쳐 간 장병들이 모교회를 방문하여 훈련을 받고 영적 비전으로 무장하고 있다. 현재 홈 커밍 데이는 3회 째인데 약 60여명의 젊은 이들이 참석한다. 또한 홈 커밍 데이에 참석한 청년들이

교회를 사랑하고 군 선교에 헌신하는 일꾼들을 양성하려
는 비전을 갖고 있다.

김 목사는 그들이 군 선교에 함께 하는 동역자라고 간주
한다. 그는 "군 선교는 가정을 변화시키고 사회를 건강하
게 만들며 교회를 일깨우는 방편"이라고 말한다. 이 같은
군 선교 사역을 통해서 김 목사는 나름대로 한국교회가 나
아갈 군 선교 비전을 터득하게 되었다. 김 목사에게 군 선
교는 은퇴 후에도 계속 이어질 전망이다.

군 선교 전략에 대해서 김 목사는 "앞으로 군 선교의 결
실을 맺으려면 군목 군인교회 민간출신 담임목사 후원교
회 등이 확실한 미션을 가져야 한다"면서 "국가의 이익도
남기고 영혼도 사랑하는 진정한 군 선교 운동이 일어나야
한다"고 말했다. 또한 "군인교회를 후원하는 일은 일회성
행사가 아니라 한 영혼 살려서 한 일꾼을 세워가는 구체적
인 선교 전략이다"고 전했다.

김 목사가 개척 초기부터 주력해 온 해외 선교는 보통
교회와 달랐다. 그는 해외 선교에 대한 특별한 비전과 철
학을 가졌다 해외의 학원 사역을 통해서 언어가 같고 문화
에 상호 문제가 없는 그 나라 사람을 훈련 시켜서 그 나라

부족으로 보내면 싼 돈으로 유능한 일꾼을 세울 수 있다는 전략으로 해외 현지 학원 선교를 선택했다.

해외 선교에 대한 특별한 비전을 갖고 출발한 것이 현지 인들에 대한 학원 선교였다. 김 목사는 "한국에서 파송한 선교사는 현지 학생들을 관리하는 디렉터 역할을 하고 한 국교회는 파송된 선교사들만 관리하면 건강한 현지 선교 사를 배출할 수 있다"는 전략이었다. 그는 몇몇 교회와 힘 을 합하여 인필선교회(인도네시아 필리핀 선교) 사마리아 회 등을 조직하여 회장으로 봉사하면서 현지 대학생들을 키워 나갔다.

그러다가 인도네시아에서 156년 된 크리스천대학 출신 을 중심으로 선교사를 15명 훈련시켜서 각 지역에 파송해 놓고 그들을 관리하는 디렉터 역할은 강능희 선교사가 맡 고 있다. 그런 전략으로 인해 인도네시아의 무슬림 지역 까지 선교하는 결실을 맺고 있다. 심지어 현지 유치원에 서 성경을 영어로 가르치는 일까지 진행되고 있다.

10년 전부터는 필리핀 다바오에 비전대학교를 세워 운 영하면서 김 목사가 이사장직을 맡고 있다. 당시 대학을 세울 때 다바오 시장과 교류하면서 친분을 쌓았는데 지금

은 그가 필리핀 대통령이 되었다. 현재 비전대학교에는
재학생이 500명으로 신학과 학생들에게는 100% 장학금
이며 신학을 전공하는 대학생들이 부전공으로 교육학을
공부한 후 교사 자격증을 취득하게 하여 필리핀 복음화에
기여하도록 하는 전략도 세웠다.

김 목사가 지난 40여 년간 달려오면서 펼쳐온 장기 마
라톤 목회의 터전은 뜨거운 소명과 분명한 목회 철학에 있
다. 그런 목회 철학과 불타는 소명감이 외길 군 선교 해외
선교에 40년을 올인하게 한 것으로 보인다. 특히 김 목사
는 자신의 목회 철학을 정립하는데 큰 영향을 끼친 스승을
잊지 못한다. 성서대학교 설립자 강태국 박사다. 40여 년
전 신학 초년생으로서 강 박사로부터 들었던 유명한 어록
을 평생 간직하고 살았다.

"당년에 거두려면 곡초를 심고 10년에 거두려면 나무를
심고 100년에 거두려면 사람을 심고 영원히 거두려면 복
음을 심어라"

그는 강 박사의 가르침대로 영원의 생명을 거두기 위해
복음을 심기로 다짐하고 젊은 시절 남들이 가지 않은 섬
지역에 가서 교회를 개척했다. 그 후 다시 무너져가는 교

회를 맡아 세웠다. 그리고 나서 염창중앙교회를 개척 설립하여 39년 마라톤 목회길을 달려왔다.

긴 마라톤 목회 여정에 대해서 김 목사는 "하나도 내놓을 것이 없다"고 고백한다. 하지만 그는 보통 목회자들이 누구나 갈망하는 학자 목회의 길을 걸어왔다. 그는 성서신대에서 학부과정을 마친 후 총신대 신대원 을 73회기 졸업생들과 함께 입학했으나 교회 개척 등으로 인해 77회로 졸업했다.

그 후 교회를 개척하면서도 학문의 열정을 불태웠다. 명지대학교에서 복지학 석사를 공부하여 복지 목회에 대한 전망을 가졌고 미국 워싱턴침례신학교에서 7년간 공부하여 목회학 박사학위도 취득했다. 국제신학대학원 대학원에서는 〈리더십〉〈예전학〉 등을 강의하면서 명예 철학박사를 수여받았다.

김 목사가 평생 달려온 마라톤 목회 39년 동안 보여준 목회와 학문의 길은 칼빈이 조언한 "목회자는 학자적이여야 하며 설교는 한편의 신학 작품이어야 한다"는 칼빈주의 전통을 세워가기에 넉넉하다. 지난 6월 강원도 고성에 위치한 샛별 군인교회 리모델링 감사 헌당예배에서 김 목사가 전한 메세지는 복음에 충실하면서도 개혁주의 신학과 교리에 입각한 설교로 참석자들에게 큰 감동을 주었다. 그의 설교는 군더더기 없이 간단명료하면서도 복음을 정확하게 제시한 개혁주의 설교의 원형이었으며 학자풍이면서도 뜨거운 가슴으로 복음을 토해내는 사자후였다.

인터뷰 중에 김 목사는 언론에 대해서도 입장을 밝혔다. "이제는 살리는 목회 살리는 언론이 필요하다"고 조언했다. 또한 지금도 매일 드리는 강단 목회 기도는 "노회를 살리는 총회 되게 하소서 교회를 살리는 노회 되게 하소서 세상을 살리는 교회 되게 하소서"다.

지난 40여 년 동안 보여준 김 목사의 마라톤 목회 여정은 보통 사람들이 지향하는 목회 성공 정치적 지위 등과는 거리가 멀다. 예장 합동 총회 산하에서 "김원선 목사"라는 이름 석자는 무명 인사일 뿐이다. 하지만 하나님의 나라에서 그는 위대한 이름이요 큰 자로 기록될 것이다. 그것은 예수님께서 친히 가르쳐 주신 천국의 "낮은 자" 사상이며 "작은 자" 원리가 입증해 주신 사실이다. 김 목사가 40여 년간 마라톤 목회에서 발휘 한 빛나는 투혼은 하나님께 영광을 돌려드리기에 넉넉하며 모든 후배 목회자들에게

귀감이 될 것이다.

더욱이 군 선교와 해외 학원 선교에서 김 목사와 염창중앙교회가 남긴 족적은 하나님의 나라에서 가장 존귀 한 목회자요 영광스러운 교회로 기록 되어 합동 총회와 한국교회에 길이 남을 것으로 평가된다.

염창중앙교회를 사용하신 하나님께 감사와 영광을 올려드립니다!

이 모든 것 주님이 하셨습니다!

할렐루야!